BUDISMO
PARA
PESSOAS OCUPADAS

David Michie

BUDISMO
PARA
PESSOAS OCUPADAS

COMO ENCONTRAR A FELICIDADE NUM MUNDO DE INCERTEZAS

Tradução:
MARCIA EPSTEIN FIKER

Editora
Pensamento
SÃO PAULO

Título do original: *Buddhism for Busy People*.

Copyright © 2004 Mosaic Reputation Management.

Copyright da edição brasileira © 2010 Editora Pensamento-Cultrix Ltda.

1ª edição 2010.

3ª reimpressão 2016.

Todos os direitos reservados. Nenhuma parte desta obra pode ser reproduzida ou usada de qualquer forma ou por qualquer meio, eletrônico ou mecânico, inclusive fotocópias, gravações ou sistema de armazenamento em banco de dados, sem permissão por escrito, exceto nos casos de trechos curtos citados em resenhas críticas ou artigos de revistas.

A Editora Pensamento não se responsabiliza por eventuais mudanças ocorridas nos endereços convencionais ou eletrônicos citados neste livro.

Dados Internacionais de Catalogação na Publicação (CIP)
(Câmara Brasileira do Livro, SP, Brasil)

Michie, David
    Budismo para pessoas ocupadas : como encontrar a felicidade num mundo de incertezas / David Michie ; tradução Marcia Epstein Fiker. — São Paulo : Pensamento, 2010.

    Título original : Buddhism for busy people : finding happiness in an uncertain world.
    ISBN 978-85-315-1637-5

    1. Budismo — Doutrinas 2. Felicidade — Aspectos religiosos — Budismo 3. Vida religiosa — Budismo

10-03243   CDD-294.3444

Índices para catálogo sistemático:
1. Budismo : vida espiritual : Religião 294.3444

Direitos de tradução para o Brasil
adquiridos com exclusividade pela
EDITORA PENSAMENTO-CULTRIX LTDA.
Rua Dr. Mário Vicente, 368 — 04270-000 — São Paulo, SP
Fone: 2066-9000 — Fax: 2066-9008
E-mail: atendimento@editorapensamento.com.br
http://www.editorapensamento.com.br
que se reserva a propriedade literária desta tradução.
Foi feito o depósito legal.

DEDICATÓRIA

Este livro é dedicado, com sincera gratidão, aos meus professores do Dharma, o Geshe Acharya Thubten Loden, fundador da Tibetan Buddhist Society, e Les Sheehy, diretor da Tibetan Buddhist Society (em Perth, Austrália ocidental), cuja gentileza nunca poderei retribuir e sem os quais nunca poderia ter escrito este livro.

SUMÁRIO

Agradecimentos 9
1   O que é preciso para ser feliz? 11
2   O primeiro ensinamento do Buda 17
3   Como meditar 34
4   Karma 57
5   Esta vida preciosa 74
6   O primeiro passo 94
7   Cultivando a compaixão 105
8   Como encontrar a felicidade na vida diária 120
9   A essência da sabedoria do Buda 139
10 Seguindo um professor 165
Epílogo 176
Glossário 181
Leituras adicionais 183

AGRADECIMENTOS

Manifesto meu agradecimento a Geshe Acharya Thubten Loden, de cujo livro abrangente, *Path to Enlightenment in Tibetan Buddhism* (Tushita Publications, Melbourne, 1993), extraí muitos dos versos traduzidos do grande clássico de Shantideva, *Boddhicharyavatara*.

Eu gostaria, também, de expressar minha gratidão a *The Path to Enlightenment*, de Sua Santidade, o Dalai Lama, editado e traduzido por Glenn H. Mullin (Snow Lion Publications, Ithaca, Nova York, 1995), que foi a fonte dos comentários diretos de Sua Santidade.

1
O QUE É PRECISO PARA SER FELIZ?

Certa vez um homem pobre, Depa, encontrou uma joia extremamente valiosa. Como era uma pessoa de poucos desejos e se sentia satisfeito com sua pequena renda, ele refletiu sobre alguém a quem dar a joia. Enquanto tentava se lembrar da pessoa mais necessitada, teve a súbita inspiração de dar a joia ao rei Prasenajit. O rei ficou pasmo, porque havia tanta gente pobre e carente, mas Depa disse: "Ó Rei, é você o mais pobre, porque lhe falta o contentamento!"

Nagarjuna, *Carta a um Amigo*

O que é preciso para ser feliz? De todas as perguntas do mundo, essa é a mais universal. É também a questão que nivela todas as pessoas, porque todos nós, tanto os que estão bem de vida como os que lutam financeiramente, os solteiros e os que têm um relacionamento, os que sofrem de uma obesidade embaraçosa e os magros e elegantes, todos somos iguais em nosso desejo de alcançar a verdadeira felicidade. Não me refiro à felicidade que todos nós já sentimos, que vem e vai dependendo das circunstâncias, mas a uma felicidade duradoura, quaisquer que sejam as mudanças externas. Uma felicidade que sentimos bem no fundo de nós mesmos.

Por qualquer padrão objetivo que se considere, nossos esforços para atingir essa simples meta decididamente produziram resultados mistos. Enquanto sociedade, nós hoje desfrutamos de um nível de prosperidade que teria tirado o fôlego de nossos avós. Porém, nossos armários de remédios nunca estiveram tão repletos de sedativos, tranquilizantes e antidepressivos, para nos proteger de nossa realidade nova e "melhorada". Temos à nossa disposição um leque sem precedentes de equipamentos que ajudam a poupar tempo no trabalho, mas nunca antes tivemos que trabalhar durante tantas horas. Estamos conseguindo realizar a confortável ideia de criar uma "aldeia global", mas nunca antes nos sentimos tão sitiados pelo terrorismo internacional, pelo mercado volátil de ações, pelas infecções virais e outras ameaças. E assim a lista de paradoxos prossegue.

Em termos individuais, nosso esforço para levar uma vida feliz e significativa geralmente não produz resultados muito melhores. Dinheiro, relacionamentos e realização no trabalho são os ingredientes essenciais das receitas de felicidade da maioria das pessoas, mas talvez não resistissem a uma investigação cuidadosa caso enviássemos alguns Auditores da Felicidade para investigar a sua eficácia.

Por exemplo, estudos sucessivos sobre ganhadores de loterias mostram que, no período de meses após conquistas de muitos milhões de dólares, os níveis de felicidade retornam quase ao mesmo patamar em que estavam antes. Somos criaturas extremamente adaptáveis e ajustamo-nos rapidamente a novas condições; assim, o que algum dia julgamos fantástico logo passa a ser considerado normal e voltamos ao ponto de partida, em busca de novas emoções. Mesmo quando conseguimos aquela promoção tão desejada, aquele grande negócio, aquele grande avanço, nós ficamos desorientados quando não surgem as sensações maravilhosas que tanto esperávamos. "É só isso?", perguntamos a nós mesmos.

E em nossos relacionamentos, não temos que olhar muito longe para reconhecer que aquela primeira onda vertiginosa de intensidade romântica logo se torna uma coisa bem diferente.

Não obstante, de algum modo conseguimos convencer a nós mesmos de que a falha não está na receita, mas nos ingredientes com os quais trabalhamos. Caso conseguíssemos *aquele* emprego ou contrato específico, isso faria uma diferença definitiva. *Aquele* homem (ou aquela mulher) é tão perfeito que a vida ao seu lado nos traria plena felicidade. O fato de que nutríamos pensamentos muito semelhantes acerca do nosso atual ex-marido (ou esposa) não é um tema no qual gostamos de pensar. E mesmo quando pensamos nisso, temos a notável capacidade de convencer a nós mesmos de que desta vez será tudo completamente diferente!

Uma alternativa prática

Como passei minha vida adulta nas relações públicas corporativas, minha própria busca por felicidade tem sido muito ativa. No trabalho árduo de construir uma carreira, trabalhando loucamente, fazendo malabarismo com uma dezena de bolas, experimentando o pleno espectro das emoções, desde o triunfo carregado de adrenalina até o desejo desesperado de que o mundo acabe logo, eu conheço muito bem o esforço implacável pelo sucesso, o cansaço de saber que, por mais longe que você tenha ido, ainda tem muito pela frente.

Mas também tive muita sorte de ter encontrado o Budismo tibetano, de ter descoberto uma alternativa prática. Este livro explica como atingir uma felicidade profunda e duradoura, de acordo com essa antiga tradição. É também um franco relato pessoal de como os ensinamentos budistas me ajudaram a introduzir maior significado em minha vida diária e de como eles estão transformando a minha compreensão acerca do que realmente vale a pena.

Entretanto, por mais pessoal que possa ser este relato, ele é escrito com o conhecimento seguro de que não há absolutamente nada de singular em minha experiência. Substitua as relações públicas corporativas por qualquer trabalho que exija grande atividade e a história, para a maioria de nós, será uma variação sobre um mesmo tema: muitas coisas para fazer, muito pouco tempo para fazê-las e um reconhecimento fundamental de que, com todo o nosso empenho, não parece que vivemos nossa vida em seu pleno potencial. É também verdade que, ao integrar diversas práticas budistas na minha vida, eu me beneficiei com resultados que também não são, de modo algum, singulares (e ainda me beneficio, todos os dias).

Se você, como eu, tem uma tendência para levar-se demasiadamente a sério, atormentando-se quando as coisas não funcionam segundo o planejado; se você sente que suas oportunidades de ser feliz são solapadas por circunstâncias que estão além do seu controle; se você gostaria de ser uma pessoa mais amável e generosa, mas seu coração foi cauterizado pela dor e pelo medo; se você simplesmente gostaria de experimentar um senso maior de significado além de "um outro dia, um outro dólar"*, você poderá muito bem encontrar no Budismo algumas práticas que são verdadeiramente transformadoras.

Não reorganizar as circunstâncias externas, mas a natureza interna

Você pode estar se perguntando: "O que uma tradição desenvolvida em um remoto feudo oriental, há 2.500 anos, poderia ensinar para os ocidentais do século XXI acerca da felicidade?"

Um dos paradoxos mais surpreendentes é que o enfoque do Budismo tibetano poderia ter sido desenvolvido especificamente para o atarefado mundo ocidental de hoje. De uma maneira muito refinada, ele apresenta uma perspectiva sobre a condição humana baseada numa inabalável análise de fatos. Ele proporciona práticas testadas e comprovadas que se apresentam em passos claramente definidos, orientando-nos na passagem do nosso

---

* Referência ao nome da canção (Another Day/ Another Dollar) do grupo inglês Gang of Four. (N. do T.)

estado mental corriqueiro para um estado de maior felicidade e, em última análise, para a iluminação.

Da perspectiva budista, nossas tentativas de reorganizar as circunstâncias externas de nossa vida, como o dinheiro, os relacionamentos ou a carreira, podem resultar apenas numa satisfação temporária, porque todas essas tentativas deixam de levar em consideração o único fator constante na vida: a mudança. Mesmo quando conseguimos, por algum tempo, que as coisas ocorram conforme desejamos, inevitavelmente algo acontece, frustrando os nossos planos.

Isso não significa que deveríamos desistir da nossa felicidade, mas que deveríamos adotar uma estratégia mais eficaz para alcançar esse estado. O sábio budista Shantideva fez, certa vez, uma analogia eloquente:

> Onde encontrar couro suficiente
> Para cobrir a superfície da Terra?
> Porém, usar couro apenas nas solas dos pés
> Equivale a cobrir a Terra inteira.
> **Shantideva**, *The Guide to the Bodhisattva Way of Life*

Em outras palavras, em vez da impossível tarefa de tentar controlar todo o nosso ambiente, a filosofia budista fala sobre assumirmos o controle do modo como conhecemos esse ambiente, em nossa mente. Nosso objetivo é reorganizar a natureza interna e não as circunstâncias externas; é identificar nossos padrões habituais e negativos de pensar e substituí-los por alternativas mais positivas; é mudar, não o mundo, mas o modo como o conhecemos.

"Tudo isso é muito bonito", você pode estar pensando, "mas se você tivesse que viver/trabalhar/dormir com os filhos/chefe/marido que eu tenho, não haveria ginástica mental que mudasse as coisas."

Assim pode parecer. Mas mesmo nas circunstâncias mais difíceis a mudança é possível. É por esse motivo que um dos símbolos mais reconhecidos do Budismo é o lótus, uma planta que, embora tenha raízes no lodo dos pântanos, transcende seu meio ambiente e sobe até a superfície, onde desabrocha uma flor de uma beleza extraordinária.

Uma psicologia baseada na prática

Como conseguir essa transcendência? Não é por meio do desejo ou da esperança, mas pela dedicação a práticas bem consolidadas que, por milhares de anos, mostraram resultados frutíferos.

Uma pergunta muito frequente é: "No que os budistas acreditam?" A crença reside no âmago da tradição judeu-cristã e, por esse motivo, supõe-se que o Budismo também esteja alicerçado na crença e de que o Buda Shakyamuni é o equivalente budista de Jesus ou Maomé.

Na realidade, o Budismo lida com um modelo completamente diferente. Os budistas não veneram o Buda; mais propriamente, nós o consideramos como um exemplo do que cada um de nós pode conseguir se, de maneira bem literal, dedicar toda a sua atenção a isso. O Budismo não sugere nenhuma divindade absoluta que irá melhorar as coisas, mas, em vez disso, proporciona a nós o software mental de que precisamos para melhorar as coisas para nós mesmos e, com certeza, para os outros.

O subtítulo deste livro, "Como Encontrar a Felicidade num Mundo de Incertezas", refere-se a um processo deliberado. Se quisermos aprender a tocar piano ou melhorar nosso jogo de golfe, sabemos que não basta simplesmente possuir o equipamento certo. Temos que aprender como usá-lo, passo a passo, praticando as técnicas relevantes até conseguirmos um certo domínio. O mesmo acontece com a nossa mente, na qual os efeitos das práticas budistas são observáveis, replicáveis e mensuráveis.

Um caminho de felicidade

Por onde começar, se quisermos conhecer esse caminho, ao mesmo tempo antigo e avançado, prático e transcendente, radical e profundamente tranquilizador? Dizem que o Buda Shakyamuni transmitiu 84 mil ensinamentos durante a vida, mas, para grande sorte nossa, a essência deles foi condensada por Atisha, um dos mestres mais importantes do Budismo, que levou o Budismo da Índia para o Tibete. Os ensinamentos de Atisha são conhecidos como Lam Rim, cuja tradução aproximada é "o Caminho para a Iluminação". Dentro do Budismo tibetano há muitas escolas diferentes, cada qual com sua própria ênfase e terminologia. Embora algumas atribuam maior importância ao Lam Rim, enquanto texto, do que outras, os ensinamentos contidos nele são preciosos para todas.

Budismo para Pessoas Ocupadas oferece uma introdução aos ensinamentos essenciais do Budismo. Este livro não aspira a dar uma explicação abrangente, que já se encontra disponível em muitos livros diferentes, incluindo o insuperável *Path to Enlightenment* do meu próprio mestre, o Geshe Acharya Thubten Loden. Nessa altura é também importante dizer que eu não me considero, de modo algum, um "profissional", isto é, um professor, lama ou monge. Espero, exatamente por esse motivo, que este livro possa ser útil para o seu público alvo, as pessoas ocupadas, uma vez que eu também me encontro entre elas.

Ao contar minha própria história, de uma típica pessoa ocupada, traçando as linhas gerais dos ensinamentos Lam Rim e mostrando como eles me ajudaram, espero sinceramente que você encontre neste livro alguma coisa de valor. Talvez alguns conceitos e técnicas o surpreendam pela sua utilidade, enquanto outros possam parecer menos proveitosos. E está bem assim. O Budismo se apresenta muito mais "à la carte" do que em cardápios prontos de preço fixo. Faça as práticas que funcionam para você pessoalmente, no seu momento atual, e deixe as outras de lado.

Por ser um relato pessoal, ele envolve pessoas de verdade. Com o objetivo de não expor a privacidade delas, eu mudei alguns nomes. Mas com certeza não me permiti nenhuma licença ficcional com o Lam Rim.

Explicar os ensinamentos budistas, ou o Dharma, tal como são conhecidos coletivamente, é um pouco como tentar descrever uma tapeçaria magnificamente bordada em termos dos fios separados dos quais ela é tecida. São tamanhas as inter-relações, que é difícil desemaranhar um fio sem considerar os outros. Quer o Budismo seja um assunto completamente novo para você, quer já tenha familiaridade com o Lam Rim, minha esperança é que você encontre, nos ensinamentos citados por mim, fontes novas de iluminação.

A Iluminação pode parecer muito distante; a maioria de nós pode apenas especular sobre o seu significado. Mas o Lam Rim é também o caminho da felicidade e isso podemos compreender melhor. Não se trata da felicidade de vida curta, mundana, que todos nós já sentimos e perdemos tantas vezes em nossa vida, mas de uma serenidade duradoura e sincera, um senso de significado que transcende os limitados interesses pessoais e abrange o bem-estar de todas as pessoas à nossa volta, uma experiência de nossa natureza fundamental como sendo imaculada, ilimitada e além da morte.

Pois é a palavra do Buda que, como o lótus, nosso destino é uma futura radiância, além de tudo que podemos conceber no presente, na medida em que subimos acima do pântano para atingir a felicidade suprema da transcendência.

2
O PRIMEIRO ENSINAMENTO DO BUDA

AS QUATRO NOBRES VERDADES

Budas não lavam pecados com água,
Nem curam sofrimento com aplicação das mãos,
Nem transmitem entendimento para a mente de outros.
Eles apresentam os seres à liberdade
Mostrando-lhes realidade.

Matercheta

Segundo a sabedoria convencional, são as grandes tragédias da vida que nos impelem a procurar um significado mais profundo. Amores perdidos, esperanças destruídas, carreiras ameaçadas de ruína – quando essas nuvens carregadas caem sobre nossa vida, é que, segundo se diz, buscamos algo mais, algo para explicar o que está acontecendo conosco ou, no mínimo, que nos ofereça uma fonte de conforto. Mas como tanto da sabedoria convencional, isso é apenas parte da verdade.

O que acontece quando nossa carreira e nossa vida doméstica aparentemente seguem bem, mas continuamos nos sentindo insatisfeitos? Aproveitamos bastante as coisas mais agradáveis na vida, mas continuamos lidando, em nossos momentos mais reflexivos, com uma inquietude importuna. Num mundo no qual tantas de nossas certezas costumeiras estão ameaçadas, muitos de nós vivemos com uma sensação íntima de deslocamento e futilidade.

Em meu próprio caso, cheguei ao Budismo não por ter alcançado o fundo do poço, mas, paradoxalmente porque, em termos mundanos, eu estava começando a me sair bem. Eu morava em Londres e ascendia profissionalmente, na carreira escolhida. Os escritórios suntuosamente mobiliados da firma de consultoria em relações públicas onde eu trabalhava tinham uma vista imponente sobre Trafalgar Square, de modo que eu me sentia no próprio coração da capital. Meu casamento era feliz e tínhamos um apartamento na área que era a "coqueluche do momento", entre Wandsworth e

Clapham Commons. Embora eu nunca levasse para casa os pródigos abonos de seis algarismos concedidos a meus contemporâneos na City, tampouco eu me sentia pobre. Restaurantes de classe; viagens ao exterior e luxuosos carros alemães eram parte de meu estilo de vida.

Mesmo enquanto escrevo isso, contudo, não posso evitar o reconhecimento consciente de que a vida que estou descrevendo parece bem mais glamourosa do que parecia na época. E esse era o problema. Em vez de estar transbordante de satisfação com a realização de sonhos longamente acalentados, longe de estar emocionado pela perspectiva de ascender na escada metafórica da carreira, o que eu sentia naquela época, mais do que qualquer coisa, era uma sensação de profunda saturação. Pois minhas realizações, tais como eram, tinham um preço.

O preço do sucesso

As horas longas e sofridas, os prazos inexoráveis e a necessidade de administrar uma série constante de exigências conflitantes dos clientes, tudo isso tornava difícil eu me permitir satisfazer os transitórios prazeres da vida com alguma grande alegria. Eu encarava os luxos meramente como compensações pelas diversas provações pelas quais eu passava a cada dia na linha de frente.

Com o passar do tempo, esse opressivo estilo de vida tornaria quase impossível viver a experiência do relaxamento ou mesmo do mero hedonismo. Exausto, anestesiado, com o espectro do trabalho ofuscando cada experiência. Restaurantes de Terence Conran. Excursões de fim de semana a Praga. E daí? Quem se importa? Com três novos negócios na quinzena seguinte, sem mencionar uma horda de clientes implacáveis em suas exigências, nunca havia como me desvencilhar do escritório. Em algum ponto entre minha radiante juventude e os meados dos meus 30 anos, num nível que eu não poderia definir, eu parecia ter parado de viver.

Pior ainda era o reconhecimento de que, embora tendo feito alguns progressos em direção às minhas ambições, as recompensas eram menos espetaculares que eu havia antecipado. Meu pagamento parecia muito satisfatório no papel; por que, então, eu não me sentia rico? Parecia que um rendimento ainda maior era necessário. Mas agora, ao contrário do que ocorria em meus anos iniciais no trabalho, eu me dava conta de que, com mais dinheiro, viria ainda maiores pressões. E era isso o que eu realmente queria? Como um *hamster* correndo num círculo, quanto mais rápido eu corria, mais rápido eu tinha que correr.

Encarar a íngrime escalada até o topo das Relações Públicas realmente nunca foi a primeira entre minhas ambições. Na verdade, dos meus 18 anos até cerca dos 32, eu busquei incansavelmente uma carreira como escritor. Em vez de passar os meus 20 anos como a maioria dos jovens saudáveis, indo a festas, atrás de mulheres e geralmente se comportando mal, eu passava as noites e os fins de semana escrevendo um romance depois do outro, abordando um editor depois do outro, numa crescente e febril tentativa de ser publicado. Eu tentara toda a gama de gêneros possíveis, de aventuras juvenis a ficção comercial, até que, depois de dez manuscritos não publicados, finalmente decidi entregar os pontos. Minha carreira de Relações Públicas se tornara tão exigente que simplesmente não sobrava forças para mais nada.

Mas agora eu começava a sentir que me faltava a energia até para isso, especialmente quando estava espremido em vagões superlotados do metrô ou preso num engarrafamento no Embankment. Em casa, numa das prateleiras da estante, havia um livro recheado de argumentos persuasivos em prol da opção por um emprego menos recompensador financeiramente, mas mais satisfatório pessoalmente, mas de qualquer maneira que eu considerasse, não podia me ver renunciando à minha base em Londres por um futuro incerto em algum outro lugar. A verdade era que minhas aptidões e personalidade me tornavam ideais para o trabalho. Eu gostava do que fazia. Eu apenas não queria fazer aquilo em excesso.

A situação na qual eu me encontrava não era, de modo algum, sem paralelo. Na verdade, é uma deprimente característica da situação de uma vasta faixa do mundo corporativo, desde o início dos anos 1990. E eu não precisava olhar muito longe para perceber que, comparado a algumas pessoas, para mim era até fácil. O que dizer de meus colegas que, de alguma maneira, tinham que encontrar "tempo de qualidade" com os filhos, em suas preciosas e poucas horas fora do trabalho? Ou do consultor que viajava diariamente de Swindon para o trabalho e vice-versa, perdendo três horas, todos os dias, nesse processo?

Mais tarde eu cheguei a me dar conta do quanto eu fui afortunado por ter vivido essa experiência, do quanto eu fui privilegiado! A riqueza material ligada a uma opressiva insatisfação; que maravilhosa fundação sobre a qual construir uma vida mais significativa! Quantos milhões de pessoas em países em desenvolvimento nunca tiveram a oportunidade de descobrir que dinheiro não compra felicidade? Contudo, eu poderia nunca ter me sentido tão afortunado se não tivesse recebido uma cutucada psicossomática na direção certa. Nada de tão espetacular como uma mudança de vida provocada por um ataque do coração, ou um encontrão próximo com uma doença terrível. O primeiro aviso veio na forma de uma pequena coceira vermelha em meu pulso esquerdo.

Não consigo lembrar exatamente quando ela apareceu, embora eu lembre do espanto que senti com as diversas novas picadas, uns poucos dias depois, dessa vez em meu tornozelo. Como havia passado meus anos de formação na África, minha reação instintiva ao examinar as bolhas brancas salientes no meio da pele rosa inflamada foi a de que eu estava olhando para uma picada de formiga. Intrigou-me como uma formiga conseguira sobreviver em nossos escritórios de Trafalgar Square. Enquanto eu aplicava uma pomada antisséptica, senti quase um profundo respeito por isso, impressionado demais com suas aptidões de sobrevivência para estar realmente irritado.

Quando as bolhas surgiram novamente, dessa vez nos pulsos e nos tornozelos simultaneamente, e em casa, fui forçado a abandonar a teoria da formiga. Algo peculiar estava ocorrendo em meu corpo. Eu parecia estar sofrendo de uma alergia estranha e nova. A perspectiva de irromper em bolhas imediatamente antes de uma importante apresentação realmente era insuportável de considerar. Fui procurar meu médico imediatamente.

Tratando os sintomas

O soturno dr. Jazrat me garantiu que reações alérgicas eram cada vez mais comuns em nosso planeta poluído, e podiam brotar ou desaparecer em diferentes estágios da vida sem razão aparente. Como de costume, a rapidez de minha consulta com ele foi inversamente proporcional à interminável demora de minha espera na fila. Em questão de minutos eu estava provido de uma receita de anti-histamínico e sob instruções médicas para engolir uma pílula ao primeiro sinal de problema.

O anti-histamínico operou maravilhas. Mas isso tanto fazia, pois a erupção logo retornou em ataques ainda mais agressivos. Em questão de semanas eu me tornara um viciado em anti-histamínicos. Usava as pílulas tanto para prevenção quanto para cura e acabei reconhecendo que essa era uma situação insustentável. Será que eu iria sair por aí nos próximos quarenta anos com um tubo de pílulas no bolso?

Uma outra consulta, dessa vez numa clínica de medicina complementar, ofereceu uma perspectiva um tanto diferente.

"Seu corpo está cheio de toxinas", advertiu-me a sra. Gruber, uma mulher com modos de matrona, num avental branco engomado, após um exame. "Que quantidade de café você toma por dia?"

Esse não era um assunto que até agora tivesse atraído um mínimo de reflexão de minha parte. Mas agora que eu pensava nisso, a causa dos vergões vermelhos pareceu óbvia. "Cerca de oito xícaras", admiti. A máquina de café tentava-me constantemente, sobre a bandeja quente, bem ao lado do meu escritório.

"Você deve cortá-lo completamente", ela abanou um severo dedo indicador. "Nada de café, chá, açúcar, farinha de trigo, álcool. Nada de alimentos processados. Somente comida fresca, frutas, vegetais. Muita água e vou dar algo para ajudar seu fígado."

Fez-se um silêncio, enquanto ela escrevia a receita de um fortificante para o fígado. Mas antes de entregá-la para mim, ela olhou em meus olhos com uma expressão preocupada. "O seu sistema está extremamente estressado. Na medicina complementar, consideramos mente e corpo como partes de um mesmo continuum. Você tem um emprego estressante..." ela nem esperou pela confirmação, "e por isso você deve aprender a cultivar mais calma, mais tranquilidade."

Com vitalidade, ela me entregou a receita juntamente com uma folha de papel separada, dizendo:

"Recomendo a meditação. Você encontrará nesta lista os nomes de alguns lugares que ensinam meditação."

As minhas emoções, à medida que eu saía desse encontro, iam do arrependimento à indignação. Mas o que mais me deixou perplexo foi a ordem médica de cultivar a calma. O modo como ela entregou para mim a lista de centros de meditação fez com que o cultivo dessa habilidade adquirisse o mesmo caráter funcional de aprender a dirigir um carro, ou usar o Microsoft Word, o que acabou se confirmando. Até aquele momento, embora meu stress fosse tamanho que eu literalmente explodia em erupções cutâneas, nunca havia me ocorrido que a meditação pudesse ser útil.

A lista de locais ocupava quase uma página inteira. Quando passei os olhos pela folha de papel, um local imediatamente atraiu minha atenção, não apenas por ser um ponto conveniente de parada no meu percurso para casa. O Gompa da Glebe Street, em Kensington, oferecia meditação como parte de um curso introdutório, todas as terças-feiras à noite durante seis semanas. Assim que eu li as palavras "Budismo tibetano", fui fisgado. Uma amiga minha, Marcy Jensen, seguiu o Budismo por muitos anos. Quando nos encontrávamos, eu muitas vezes a inquiria sobre o assunto e sempre ficava com a impressão de que uma nova perspectiva se abria. Sem dúvida, Marcy aprovaria o Gompa da Glebe Street, eu disse a mim mesmo. O que eu teria a perder, a não ser algumas poucas horas do meu tempo?

O primeiro ensinamento do Buda

*Suponha que você diga a uma família, vivendo em estado de extrema pobreza,
que, sob o chão imundo de seu barraco, há um rico tesouro.
Eles apenas precisam remover as camadas de sujeira que o ocultam
para que se tornem ricos para sempre.
Da mesma maneira, não estamos conscientes do tesouro
da natureza do Buda, oculto por nossa ignorância
e obscuridade de discernimento.*

Sublime Continuum do Grande Veículo

No nível da rua, o Gompa da Glebe Street era parecido com qualquer outra casa geminada no estilo georgiano, no saudável bairro a oeste da estação de metrô South Kensington. Três degraus acima do nível da calçada levavam a um pórtico coberto e a uma porta de entrada vermelha, deixada aberta para os visitantes.

Tomar a decisão de ir até lá foi bastante fácil, mas agora que eu estava realmente no ponto de não retorno, comecei a ter dúvidas. Eu não sabia nada sobre o Gompa da Glebe Street. E se a noite se revelasse uma perda de tempo? E se o local fosse dirigido por um bando de abraçadores de árvores, com uma fala pomposa que versasse sobre as bobagens da Nova Era? E se eles fizessem rituais esquisitos e constrangedores?

Uma vez lá dentro, as coisas se apresentaram de uma maneira tranquilizadora. Um saguão de entrada com lajotas enxadrezadas levava a uma sala grande revestida de baeta verde, forrada de estantes de livros do chão até o teto. Com uma iluminação não muito forte, janelas de sacadas e poltronas confortáveis, ela poderia ter sido a biblioteca de um clube de cavalheiros em St. James, não fosse pelo fato de que todos ali estavam descalços. Um aviso no saguão pedia aos visitantes que tirassem seus calçados e os colocassem em prateleiras de madeira apropriadas. Alguns outros participantes da aula introdutória já estavam ali de meias, folheando os livros das estantes, ou falando em voz baixa. Depois de alguns momentos, fomos abordados por Tom, um típico personagem da City londrina, muito amável, que descreveu a si mesmo como "um dos frequentadores assíduos". Foi ele que fez os visitantes novatos descerem por um curto lance de escada e os conduziu ao longo de um corredor revestido de madeira até o próprio gompa.

"Gompa" é uma palavra tibetana que significa "lugar de meditação" e essa era a primeira vez que eu visitava um lugar assim. Uma sala grande e retangular, tendo na frente um Buda dourado em um altar, estava inteiramente à luz de velas, que iluminavam os elaborados trabalhos artísticos e as ricas sedas das antigas thankas nas paredes. Exceto pelo trono do mestre à esquerda do altar, não havia móveis na sala, que continha apenas almofadas de meditação castanho-avermelhadas, ordenadas em fileiras no carpete.

Depois de entrar, fiz uma pausa para absorver tudo aquilo, consciente de duas sensações poderosas. A primeira era um profundo senso de paz; mas será que isso era devido à minha expectativa inconsciente de encontrar uma tranquilidade permanente? Ou a paz seria comunicada pela serena expressão na face dourada do Buda e as faixas de fumaça de incenso Nag Champa, que flutuavam pela sala?

A outra sensação foi menos fácil de explicar, mas aprendi subsequentemente que estou longe de ser a única pessoa que sentiu isso. Circundado, pela primeira vez, pelos símbolos e conjunto de imagens do budismo tibetano, em vez de sentir estranheza, ou mesmo aversão, tive um profundo senso de reconhecimento, de as coisas serem do jeito que deveriam ser. Era como chegar em casa.

Tomei meu lugar em uma almofada na fileira de trás. Eu não queria atrair a atenção para mim, só queria me sentar e assimilar as coisas. Observando os magníficos arranjos de flores a cada lado do Buda, as duas fileiras de tigelas de oferendas dispostas na frente da imagem, senti que eu estava começando a ficar menos estressado pelo mero fato de estar ali. A costumeira tagarelice mental que preenchia a minha mente havia desaparecido à luz das velas.

O meu momento de silenciosa reflexão nesse lugar curiosamente atraente logo foi interrompido por risos prolongados. Parecia que alguém havia chegado na aula introdutória de excelente humor. A fonte da alegria tornou-se aparente quando, logo após o horário do início da aula, houve um alvoroço de atividade e, do lado de trás da sala, envolto em mantos açafrão e castanho avermelhado, apressava-se a forma jovial do Geshe Tenzing Trungpa, líder espiritual do Gompa da Glebe Street.

Ele se prostrou três vezes na frente do Buda, antes de assumir seu lugar no trono, um estrado erguido a uns trinta centímetros do chão, e deu um sorriso radiante para nós, como se ainda estivesse saboreando uma piada confidencial.

"Aula de Introdução 101", disse ele, com uma expressão positivamente brincalhona. "Vocês todos querem aprender sobre o Budismo e como meditar. Isso é muito bom", ele acenou com a cabeça. "Um passo excelente! E vocês sabem que eu posso mostrar a vocês como meditar, não em seis semanas, mas em uma! E nem mesmo em noventa minutos, mas em trinta! Saber o que fazer é muito, muito fácil. Mas realmente conseguir realizar é muito, muito difícil."

Algumas questões importantes

Ele estava dizendo algo essencial, mas havia uma leveza em sua presença que também se fazia sentir. Um senso de bem-estar, quase de alegria, que eu não esperava. O Geshe Trungpa, mencionado como Rinpoche no centro, não deveria ser um lama de alta posição hierárquica? (Rinpoche, pronunciado rin-posh-eh, literalmente quer dizer "precioso".)

"Vai levar muito mais que seis semanas, ou até seis anos, para se tornarem yogues ou yoginis plenamente realizados", continuou ele. "Por que tanto tempo? Por que é tão difícil?" Ele nos observou cuidadosamente. "Porque não temos controle sobre nossa mente. Temos uma capacidade de concentração muito pequena. Vocês não têm que acreditar em mim. Verifiquem por si mesmos. No Budismo gostamos de pessoas que fazem perguntas, não gostamos de fé cega. O Próprio Buda uma vez disse: 'Qualquer um que acredite no que eu digo é um tolo... a menos que experimente por si mesmo. Portanto, investiguem isso'. Ele fez uma pausa, adotando uma expressão provocadora.

"Tentem se concentrar em apenas uma coisa e digam quanto tempo vocês conseguem manter o foco. Antes de um minuto, vocês estarão pensando no jantar de hoje e no que está acontecendo no trabalho, e em todas as coisas que vocês precisam fazer em casa; ou seja, em tudo, menos no objeto de sua concentração."

No Gompa, as cabeças acenavam em reconhecimento.

"Algumas pessoas chamam isso de 'macaco louco da mente'. Totalmente louco. Pulando para cá e para lá." Ele fazia gestos no ar de grandes arcos de fogos de artifício. "Um dos principais propósitos da meditação é domar o macaco louco, permitir que a mente se acalme e descanse, em vez de ficar envolvida com toda essa atividade maníaca."

"Mas antes de falarmos de como meditar, devemos fazer uma pergunta diferente: Por que deveríamos nos dar ao trabalho de tentar meditar?" Mais uma vez ele fez uma pausa, olhando de aluno em aluno, com uma expressão investigadora e cativante. "Talvez alguns de vocês estejam aqui para administrar o stress, ou para encontrar paz e felicidade e esses são bons motivos." Ele acenou sabiamente. "Talvez algumas pessoas queiram fazer uma viagem astral com os lamas?" Agora seus olhos estavam brilhantes. "Muito mais fácil viajar com a British Airways!"

"Seja qual for a razão imediata que os trouxe aqui na noite de hoje, há um outro motivo muito importante pelo qual vocês deveriam aprender a meditar e desejo que vocês me ajudem a demonstrá-lo. Aqui mesmo e agora. Por favor, sentem-se de maneira confortável em suas almofadas. Alonguem os braços e as pernas, se quiserem, antes de sentarem-se com as costas perfeitamente eretas."

Fez-se uma movimentação geral à medida que braços e pernas flexionavam, os nós dos dedos estalavam e os ombros giravam.

"Estão todos confortáveis?", perguntou ele depois de um momento, ouvindo murmúrios de consentimento, mostrando aquele mesmo sorriso insolente brincando nos traços do seu rosto. "Alguém não está confortável?" Ele perscrutou as faces mudas.

"Muito bem! Agora não quero que vocês façam nada, exceto voltar a atenção para a sua respiração. Concentrem-se nas sensações, à medida que o ar entra e sai de suas narinas. É tudo o que vocês precisam fazer. Observe a respiração entrando e saindo, como uma sentinela no portão."

Era a primeira vez que eu estava em uma sala com trinta pessoas sentadas, em total silêncio, supostamente pensando em nada, exceto na sua respiração. Do meu lado, eu me sentia muito constrangido. Rinpoche não dissera nada sobre os olhos. Eles deveriam estar abertos ou fechados? E quanto tempo iria durar isso? Eu esperava que não durasse a próxima hora e meia! Tentei me concentrar em minha respiração, mas eu não parecia estar na postura mental adequada. Era a novidade desse lugar e todas as outras pessoas, expliquei a mim mesmo. Eu provavelmente me sairia melhor em um ambiente mais familiar. E se não estivesse usando as calças formais do meu terno.

Eu pensava em como meu cinto apertava, quando o Rinpoche disse: "Desculpe, meu querido, por que você mexeu o pé?"

A classe foi tomada por uma confusão momentânea. Deveríamos, ainda, estar concentrados em nossa respiração? O Rinpoche parecia estar se dirigindo a um homem na segunda fileira. (Logo eu descobri que o Rinpoche tratava todo mundo de "meu querido".)

"Meu tornozelo estava ficando dolorido", veio finalmente a resposta constrangida. "Não estou acostumado a me sentar assim."

"Claro!", sorriu o Rinpoche. "Mas quando eu pedi que você se sentasse de maneira confortável, você não estava confortável?"

As cabeças agora se viraram na direção do infeliz que mexeu o pé.

"Sim."

"Estava tudo bem?"

"Sim", hesitou o outro. "Mas não durou. Eu tive que mudar de posição."

"Aha!", o Rinpoche bateu as mãos. "Estão vendo?"

Risos soaram na sala por causa da evidente satisfação do Rinpoche. "Obrigado por ter sido o primeiro da classe a demonstrar a Primeira Nobre Verdade, ou seja, que a natureza da realidade, como normalmente a experimentamos, e que chamamos de samsara, é a insatisfação. Mesmo quando nos sentimos confortáveis, isso não dura muito, e temos que mudar de posição. Isso se aplica a tudo. Trabalho. Relacionamentos. O lar. O seu carro. Tudo!"

As Quatro Nobres Verdades

Este é o verdadeiro sofrimento.
Esta é a verdadeira fonte.
Esta é a verdadeira cessação.
Este é o verdadeiro caminho.

Conheça a causa.
Abandone a fonte.
Atinja a cessação.
Medite sobre o caminho.

As Quatro Nobres Verdades, Sutra da Roda do Dharma

O Rinpoche nos contou que depois de o Buda ter despertado, os seus primeiros ensinamentos no Parque das Gazelas em Sarnath foram as Quatro Nobres Verdades. Com frequência, esses ensinamentos são mencionados como sendo a "essência do Budismo", porque eles resumem conteúdos fundamentais, comuns a todas as escolas do Budismo. Além disso, eles são particularmente relevantes para os ocidentais de hoje, por adotar exatamente o mesmo tipo de postura clínica que esperaríamos de um médico competente, caso o consultássemos por causa de uma doença. Em primeiro lugar, o Buda diagnosticou os problemas que todos nós sofremos pela nossa condição humana. Segundo, ele identificou suas causas. Em terceiro lugar, ele ofereceu a promessa de uma cura completa; e em quarto, ele nos deu uma receita.

A Primeira Nobre Verdade afirma que o estado subjacente de nossa mente é a insatisfação. A reação de muitas pessoas, quando escutam isso pela primeira vez, é que parece um diagnóstico indevidamente sombrio. Sem dúvida, todos temos nossos problemas, mas, por outro lado, há inúmeros elementos alegres e positivos em nossa experiência de vida.

Mas o Buda não disse que passamos toda a nossa vida em um estado de completo desespero; apenas que a felicidade ou o prazer que desfrutamos tem uma natureza passageira. Neste momento, podemos estar sentados confortavelmente, mas a passagem do tempo trará mudanças inevitáveis. Sem considerar os desafios da vida diária, todos nós iremos, por exemplo, ficar doentes, envelhecer e morrer. Pode não ser um pensamento muito animador, mas é uma realidade precisa, mesmo que desconfortável.

Por que a insatisfação é tão inevitável? A Segunda Nobre Verdade descreve as causas da insatisfação. Na superfície das coisas há inumeráveis motivos para explicar toda e qualquer infelicidade que possamos sentir, desde a irritação momentânea até a dor mais profunda. Mas seja qual for a causa aparente, o Buda definiu três razões subjacentes que são o motivo de toda a insatisfação. As três razões são o apego, a aversão e a ignorância, às vezes mencionados como desejo, raiva e uma visão equivocada da realidade.

Apego

Quando o Buda falou de apego, ele não estava dizendo que é errado sentir amor pela família e pelos amigos; essa é uma interpretação equivocada e bastante comum. Alguns iniciantes no Budismo têm a ideia errônea de que devem tornar-se "desapegados", ou seja, distantes e à parte do mundo ao redor, para que possam desenvolver um isolamento excelente. Na verdade, nada poderia estar mais longe dos ensinamentos do Buda. Só é preciso observar o exemplo dado pelo Dalai Lama para ver que amor e compaixão (e não desinteresse e distância), são o autêntico caminho budista.

Os ensinamentos budistas sobre o apego referem-se especificamente à nossa tendência de nos apegar a uma determinada coisa, pessoa ou situação, acreditando que essa "coisa" poderá nos fazer feliz, o que é um sistema de crenças fundamentalmente falho. Quando consideramos algo atraente, temos uma tendência natural de exagerar os seus aspectos positivos e abafar os negativos. Somos encorajados a seguir nessa rota perigosa pelas indústrias de marketing e publicidade, sempre ávidas, cujo trabalho é promover os produtos de maneira a aumentar as nossas sensações de desejo, que acabam sendo satisfeitas apenas mediante a posse daquele determinado produto.

Por exemplo, existe a possibilidade de você, a um certo momento, tornar-se o orgulhoso proprietário de um relógio novo. Talvez tenha sido um presente de aniversário, ou talvez você o tenha comprado no *free shop* durante as férias. Você se lembra de como ficou encantado quando prendeu a correia dele em seu pulso pela primeira vez? Você consegue ao menos lembrar de como era o relógio que você tinha antes desse? Se você for um pouco parecido comigo, terá olhado a hora desnecessariamente em dezenas de ocasiões naqueles primeiros dias, examinando cuidadosamente o seu relógio, com a emoção da nova aquisição. E ficou muito satisfeito quando as outras pessoas o elogiaram pelo acessório novo e elegante.

Todos nós sabemos o que acontece a seguir, porque essa é a história da vida de todos nós: nós nos acostumamos com o novo objeto. Nós nos adaptamos. O novo relógio fica familiar. Em algum momento o visor fica arranhado e o relógio não é mais novo. Talvez a correia se desgaste. É claro que podemos ainda considerá-lo um bom relógio, mas quando olhamos para ele, não mais sentimos o prazer daquela primeira vez. O relógio em si não mudou, de nenhuma maneira significativa. Então, de onde veio o deslumbramento pelo relógio e para onde ele foi?

Os objetos materiais, seja os mais triviais, como relógios, seja os de grande porte, como transações comerciais corporativas importantes, são apenas um dos focos do apego. Muitos de nós nos tornamos muito infelizes com a obsessão que nutrimos por parceiros amorosos em potencial, atuais ou antigos, cujo amor, conforme acreditávamos na época, tornaria a nossa felicidade completa. O mesmo acontece com as ambições de carreira. Que porcentagem da força de trabalho realmente acredita que seu compromisso com determinado emprego, que oferece status, pacotes de remuneração e brinquedos executivos será uma causa de grande satisfação? E que porcentagem de pessoas que realmente ocupam esses empregos ambicionados encontram-se extremamente satisfeitas? Como no caso do relógio que já foi novo, é apenas uma questão de tempo antes que nossa perspectiva mude.

Aversão

A aversão funciona segundo os mesmos princípios, exceto que dessa vez o lado negativo é que é exagerado. Um exemplo diário de aversão é a raiva no trânsito. Como pode ser que nós, em outras ocasiões pessoas calmas e equilibradas, podemos nos tornar exaltados e impacientes, amaldiçoando e fazendo gestos obscenos quando outros motoristas nos causam pequenas inconveniências, precisamente as mesmas que às vezes nós causamos a eles?

De repente, aquela outra pessoa, desconhecida, que fez com que pisássemos no breque, é um idiota imprudente, um desgraçado egoísta, que deveria ser multado ou proibido de dirigir.

É interessante que, quando temos esses sentimentos, sempre nos sentimos plenamente justificados em nossa raiva. Ela foi causada pela outra pessoa, não foi? A raiva, nessa situação, não é natural e, em certo sentido, inevitável?

O curioso é que um outro motorista, que também tenha que brecar pelo mesmo motivo, talvez nem ao menos registre que essa pode ser uma causa de irritação. Talvez ele considere isso como uma das concessões que se tem que fazer diariamente no trânsito, e permaneça cantarolando junto com a música no rádio.

De modo significativo, nossa própria reação ao incidente poderia ter sido diferente, caso estivéssemos, por exemplo, a caminho de um encontro amoroso. Em diferentes circunstâncias emocionais, nossas reações ao mesmo acontecimento variam.

Portanto, a raiva no trânsito é "justificada", "natural" e "inevitável"?

É estranho que alguns minutos depois de chegarmos sãos e salvos ao nosso destino, nós geralmente esquecemos por completo o incidente que causou a raiva. Isso suscita a pergunta: De onde realmente veio o ódio pelo outro motorista e para onde ele foi?

Mais deprimente ainda do que sermos suscetíveis a esses acessos passageiros de raiva são aquelas pessoas que se agarram a seus sentimentos negativos, carregando um fardo de ofensas ou outras infelicidades, inconscientemente colocando-se em um papel de vítimas, que elas se sentem impotentes para mudar.

Esses exemplos de apego e aversão são sintomáticos de nosso constante envolvimento com o mundo à nossa volta. Você não precisa ser budista para reconhecer que relógios, por mais sofisticados que sejam, não são uma fonte de felicidade duradoura. Se fosse tão fácil, muita gente estaria vivendo em estado de bem-aventurança. O que parecia tão maravilhoso acerca do nosso relógio, bem como o que agora parece tão comum, sempre existiu apenas em nossa mente. Da mesma maneira, você não precisa ser um grande sábio para ver que a causa real da raiva também existe na mente. A maioria de nós já encontrou pessoas que perdem a cabeça à menor provocação, e outras que mostram a paciência de santos, demonstrando que o que ocorre à nossa volta é muito menos importante que a nossa própria resposta.

Mas de maneira estranha, ainda que já devêssemos saber disso, nós continuamos nos comportando como se as causas reais da felicidade e da raiva existissem "lá fora". Podemos tomar qualquer dia como exemplo. Podemos despertar de manhã e nosso primeiro pensamento consciente é de que estamos no domingo. Oba! Viramos para o outro lado com prazer e tiramos uma soneca por um tempo. Ao nos levantar, lembramos de um compromisso, um almoço marcado, sem o qual passaríamos muito bem. Isso nos abate um pouco. A seguir, toca o telefone... é um colega. Houve uma inundação no departamento administrativo do escritório e eles precisam da ajuda de qualquer pessoa disponível. Geralmente, um telefonema desses seria causa de grande desprazer. Mas hoje percebemos que temos a desculpa perfeita para evitar aquele almoço indesejado.

E assim a história continua. Para cima. Para baixo. Felizes. Descontentes. Como os rolamentos de metal brilhante em uma máquina de fliperama, é como se estivéssemos constantemente sendo acesos e apagados, em uma ou outra direção, pelos botões da Felicidade e da Infelicidade, sendo impotentes para fazer outra coisa a não ser reagir.

Ignorância

O que nos leva à terceira causa geral da insatisfação: a ignorância ou visão errônea. Aqui o Buda se referia a um tipo específico de ignorância, nossa falsa crença de que coisas e pessoas tenham características intrínsecas totalmente próprias. E conforme já vimos, esse tipo de ignorância é inerente tanto ao apego quanto à aversão.

Talvez a ilustração mais fácil desse tipo de ignorância seja a música. Pense em sua música favorita quando você era adolescente. Agora pense na reação que seus pais tinham em relação a ela. Se a sua família era minimamente parecida com a minha, havia, como dizem em círculos diplomáticos, uma "diferença de opiniões". De tempos em tempos, para prolongar a metáfora, o seu gosto em música pode até ter provocado uma "livre e franca troca de opiniões!"

Causa surpresa que não se faça uma simples pergunta acerca desse antigo problema: por quê? Por que será que um som, tão eletrizante e liberador para uma geração, provoca uma reação tão diferente em outra? As mesmas ondas de som, afinal de contas, atingem receptores fisiologicamente idênticos. Então, por que o êxtase de uma pessoa é a agonia de outra?

Sem dúvida, a música em si mesma não tem atributos intrínsecos, ou todos estaríamos de acordo. É o modo como interpretamos a música que lhe dá qualidades determinadas. A beleza realmente está nos olhos, ou nesse caso nos ouvidos, de quem escuta.

Esse pode parecer um ponto sutil, mas ele tem implicações revolucionárias para nossas pressuposições habituais, porque a falta de qualidades intrínsecas vai muito além da questão das músicas mais vendidas. Ela se estende a cada fenômeno no mundo à nossa volta. Até mesmo aos bens imóveis.

Em seu livro *The Diamond Cutter*, o Geshe Michael Roach, o carismático monge budista que ajudou a estabelecer um negócio de diamantes de 100 milhões de dólares em New York City, utiliza o exemplo de um prédio de escritórios para demonstrar como até mesmo uma parte aparentemente substancial dos imóveis de Manhattan não tem características intrínsecas. Quando a sua empresa, a Andin International, estava ficando sem espaço para escritórios, aventou-se a possibilidade da compra de um prédio de escritórios, fora da área de Diamond District. Se essa seria uma decisão apropriada ou não, dependia inteiramente do ponto de vista de cada um. Alguns leitores que possuem tino comercial já terão formado uma opinião acerca da sabedoria dessa mudança, a partir da única sentença que escrevi sobre ela. Comprar um imóvel em vez de pagar aluguel... é bom. Mudar para fora da área industrial já estabelecida... é ruim. Mas e se os custos reduzidos da área situada fora de Diamond District capacitassem a empresa a oferecer melhores negócios no mercado? Bom. Ou se os valores de propriedades naquela parte de Manhattan fossem adversamente afetados? Ruim.

Do ponto de vista dos funcionários, aqueles que vinham de New Jersey, consideravam essa uma boa mudança, pois fariam uma viagem mais curta até o trabalho. Exatamente pelo motivo oposto, os funcionários do Brooklyn ficaram infelizes com a perspectiva. E assim por diante. Os diretores e o quadro de assessores da Andin, todos eles poderiam visitar o novo conjunto de escritórios pretendido, olhar para ele, andar pelo local, metaforicamente chutar os seus pneus, mas o fato de esse ser ou não um local melhor de trabalho dependia inteiramente de pontos de vista individuais.

E assim é com todas as coisas. A obesa dona de casa em Swansea é a beleza voluptuosa em Suazilândia. O empresário encorajado a se orgulhar de suas realizações em Los Angeles é evitado e considerado um novo-rico pretensioso em Londres. Na maior parte do tempo, nós agimos com base em suposições, com frequência não expressas, sobre o que seria uma coisa "boa" ou uma coisa "ruim", sem reconhecer que não existe uma coisa chamada realidade objetiva. O modo como o mundo parece ser, o som, gosto, cheiro ou textura que ele tem, é diferente para cada um de nós, por causa do modo como o interpretamos. Por esse motivo, os budistas usam a expressão "surgimento dependente" para descrever todos os fenômenos. O modo como as coisas existem, ou surgem em nossa mente, depende, entre outras coisas, de como as percebemos.

Esse é um tema muito importante, e retornaremos a ele posteriormente. Mas naquela primeira visita que eu fiz ao Gompa da Glebe Street, a noção de que tudo e todos à minha volta poderiam ser um "surgimento dependente" era ao mesmo tempo uma ideia óbvia e nova, com profundas implicações.

A superstição do materialismo

"A Segunda Nobre Verdade", Rinpoche percorreu a classe com o olhar, "nos diz que as causas da nossa insatisfação vêm do apego, da aversão e da nossa falsa crença de que certas coisas externas a nós têm a capacidade de nos tornar felizes ou infelizes, por si mesmas. Mas investiguem isso por si mesmos. A felicidade ou infelicidade não está vindo lá de fora. Está vindo aqui de dentro", e ele tocou o seu coração.

"A maneira mais popular de atingir a felicidade no Ocidente é reajustando o que está lá fora. Nossa casa, nosso carro, nossa namorada ou namorado. Mas podemos ver por que esse plano está condenado ao fracasso. Aquelas coisas externas, as quais passamos tanto tempo tentando endireitar, não têm nenhuma qualidade intrínseca em si mesmas. As coisas boas que vemos nelas são, na verdade, projeções de nossa mente. E pelo fato de nossa mente ser tão agitada, mudando de um momento para outro, essas boas qualidades mudam rapidamente também."

Aquele sorriso brincalhão reapareceu enquanto ele balançava o corpo para trás em sua almofada. "Eu gosto de perguntar aos meus alunos: 'Você é supersticioso?'" Os olhos dele brilhavam. "Eles geralmente dizem: 'Imagine, Rinpoche! Eu ando sob as escadas. Eu gosto de gatos pretos. Se o espelho no banheiro quebra, isso não me preocupa!'" Sua risadinha foi contagiante. "Mas o que é superstição? É a falsa associação entre certas causas – como quebrar um espelho – e seus supostos efeitos. É por isso que eu digo que os ocidentais são o povo mais supersticioso do planeta! Eles creem em associações que não existem. Associações entre o que está lá fora e o que está aqui dentro."

"É claro que não precisamos permanecer iludidos. A Terceira Verdade Nobre nos diz que é possível reduzir a insatisfação, cada vez mais, até que ela seja completamente eliminada. A Quarta Nobre Verdade nos diz como começar a fazer isso."

"Esse é um tema longo e nas próximas duas semanas falarei sobre isso. Mas vocês já podem ver que a nossa área principal de trabalho será a mente, porque ela é a fonte de toda nossa felicidade e infelicidade. É onde nossa ideia de realidade é criada. O Budismo nos ensina como reajustar, não o que está lá fora, mas o que está aqui dentro."

Enquanto ele olhava em torno da sala, por um momento pareceu que todos nós participávamos da atitude brincalhona e da sabedoria do Rinpoche.

"Uma vez pediram ao Buda que descrevesse a essência dos seus ensinamentos", disse o Rinpoche. "Vocês sabem o que ele respondeu? 'Abandone a maldade. Cultive a bondade. Conquiste a sua mente.'"

"Vocês já têm uma boa ideia acerca do que significa abandonar a maldade e cultivar a bondade. Essas são verdades universais, partilhadas por todas as grandes tradições. Mas quando o Buda falou sobre conquistar a mente, ele estava falando sobre a meditação."

"Na superfície das coisas", continuou o Rinpoche, "conquistar a mente parece uma coisa boa de se fazer. Quem de nós não gostaria de ter mais tranquilidade, menos agitação? Mas ao compreender as Quatro Nobres Verdades, podemos ver por que a meditação significa muito mais do que permanecer calmo nos congestionamentos de trânsito. Se for praticada adequadamente, por um certo período de tempo, a meditação mudará toda a nossa interpretação da realidade. Ela ajuda a nos libertarmos da superstição de que precisamos de certas coisas e pessoas, para sermos felizes. Ela nos ajuda a encontrar a nossa verdadeira natureza."

No silêncio do gompa, já havíamos tido um vislumbre de nossa superstição até agora insuspeita.

"Se vocês deixarem um copo de água enlameada ficar imóvel, a sujeira vai acabar se assentando e o que vai permanecer será somente a água clara. O mesmo acontece com a meditação." O Rinpoche fez uma pausa, com um sorriso beatífico. "Finalmente nós descobrimos que a verdadeira natureza da nossa mente nada é senão pura claridade, atenção plena... e felicidade."

3
COMO MEDITAR

Somos o que fazemos repetidamente.

Aristóteles

Naquela primeira visita ao Gompa da Glebe Street, o Rinpoche explicou a prática da meditação. Assim como em relação a muitas outras coisas, o Budismo adota uma perspectiva muito prática quanto a esse tema. Não há nada de arbitrário acerca dos métodos empregados, não há nada feito de modo descuidado, em qualquer aspecto de uma tecnologia mental que tem sido usada, com sucesso, pelos yogues e yoginis mais avançados, durante mais de dois milênios.

Se, ao ler este capítulo, você ficar impressionado pela simplicidade de algumas práticas descritas, é bom lembrar a observação do Rinpoche, de que a parte difícil não é compreender o que fazer. A parte difícil é colocar em prática aquilo que compreendemos. Nas palavras do Dalai Lama: "Quando falamos da cidade da iluminação, tudo parece muito próximo e muito fácil de obter; mas quando se trata de praticar, repentinamente ela parece muito difícil de se conseguir, muito distante de nós. Essa é a contradição entre nossos pensamentos e nosso empenho."

A prática e os benefícios da meditação

Assim como adquirir um equipamento de ginástica para uso doméstico não garante um corpo bonito, conhecer a sabedoria dos lamas mais avançados é de pouca utilidade, a menos que ela seja realmente usada.

Os tibetanos têm uma palavra para descrever o melhor modo de abordar a meditação. Essa palavra se traduz aproximadamente como "alegre perseverança", um modo de ver que obteria a anuência de qualquer pessoa obcecada por academias, e que também serve como um lembrete útil quando passa pela nossa cabeça o modo "fique na cama" de treinamento mental!

Por que atingir algo tão simples como clareza mental e atenção plena requer tanto esforço? Em poucas palavras, é porque isso vai contra todo o condicionamento prévio. Vivemos por tanto tempo com uma tendência incessante de tagarelice interior que é somente quando damos o passo incomum de concentrar o foco de nossa atenção na própria mente, observando de perto e em tempo real o seu comportamento absurdo, que descobrimos que temos um lunático morando no sótão.

Tentar domar o macaco louco da mente é comparável, de muitas maneiras, a um homem de negócios de meia-idade e flácido que tenta recuperar sua silhueta juvenil na esteira rolante. Dói, porque não estamos acostumados com isso. Nós nos defrontamos com as consequências de décadas de maus hábitos e indisciplina. Somos forçados a utilizar músculos mentais que nem sabíamos que existiam. Não seria mais fácil desistir e, em vez disso, saborear uma longa e agradável conversa interior, enfeitada com reflexões incoerentes e montes de fantasias?

Na verdade, não seria. Não a longo prazo. Porque assim como os aposentados saudáveis e em forma têm uma qualidade de vida muito superior aos seus colegas doentes e obesos, a qualidade de vida das pessoas que cultivaram um alto nível de paz e equanimidade não pode ser comparada com a de seus pares mais vulneráveis e perturbados.

Então, quais são os detalhes práticos da meditação?

Os sete pontos da postura de meditação

Para começar, é importante adotar a melhor postura para a concentração. Como mente e corpo são interdependentes, em uma determinada postura a mente naturalmente fica mais calma e mais estável. Essa sabedoria é compartilhada por muitas das grandes tradições e é resumida nos seguintes sete pontos:

◊ Sente-se de pernas cruzadas. Não tente fazer a posição de lótus, nem mesmo a do meio-lótus, a menos que se sinta muito confortável assim. Uma postura normal, de pernas cruzadas, sobre uma almofada para ajudar a erguer a coluna, já basta. Se não conseguir sentar-se no chão, você pode usar uma cadeira.

◊ Descanse suas mãos no colo, a mão direita sobre a esquerda, como um par de conchas, as pontas dos polegares se tocando. Idealmente, as pontas de seus polegares devem estar na altura do seu umbigo.

- Mantenha as costas retas. Esta instrução é essencial, dada a importância das costas para o sistema nervoso central. No Budismo há o conhecimento adicional das sutis energias que permeiam nosso corpo e que também sustentam a consciência quando nossas costas estão retas.
- A boca, o queixo e a língua devem estar relaxados, nem frouxos nem apertados. Ao colocar a ponta da língua atrás dos seus dentes frontais, você pode ajudar a controlar o aumento de saliva.
- Incline a cabeça ligeiramente para a frente. Não demais, ou você pode adormecer!
- Os olhos devem estar semicerrados, olhando para o chão à sua frente, mas sem focar ou, se for mais fácil, cerrados, sem apertar muito.
- O nível dos ombros e os braços se estendem confortavelmente, permitindo que o ar circule pelo corpo.

Contexto objetivo

Agora que você está preparado em sua almofada de meditação, o que fazer? Assim como o sucesso de qualquer reunião ou novo empreendimento depende de objetivos claros logo de início, os budistas também começam cada sessão de meditação lembrando a si mesmos exatamente o que eles estão tentando atingir.

Para um iniciante, um bom objetivo poderia ser o seguinte:

Pela prática desta meditação
Eu ficarei mais calmo e relaxado,
Mais eficiente e feliz em tudo o que eu fizer,
Tanto para o meu bem como para o bem dos outros.

Como iremos conseguir esse objetivo? Por meio de um processo que nos permita experimentar a qualidade expansiva do espaço que naturalmente surge quando acalmamos nossa mente.

O objeto da meditação

Corretamente sentados e motivados, precisamos, a seguir, de um objeto de meditação. Você pode escolher um entre diversos deles, inclusive mantras, visualizações e objetos externos. Mas talvez o objeto básico de prática mais amplamente utilizado seja a respiração.

Enquanto objeto de meditação, a respiração tem inúmeras e importantes vantagens. Ela sempre pode ser acessada, ao contrário, por exemplo, de um mantra complicado, que pode escapar à sua memória em um momento de muito stress, ou um objeto físico que você talvez não tenha consigo no momento em que é mais necessário. Além disso, o simples ato de focar na respiração tem um marcante efeito sistêmico. Geralmente, quando prestamos atenção à nossa respiração, esta naturalmente começa a diminuir de ritmo, dando início a uma cadeia de eventos fisiológicos que resultam em uma calma e um relaxamento maiores. Em uma seção posterior, veremos alguns dos benefícios psicológicos e fisiológicos da meditação com maiores detalhes. Mas, por enquanto, seguem duas práticas alternativas de meditação que utilizam a respiração como objeto. Em ambos os casos, o objetivo é focar nossa mente no objeto de meditação com uma concentração unidirecional.

Técnica de meditação número 1: a contagem da respiração
A ideia aqui é contar mentalmente cada respiração depois da expiração, geralmente em ciclos de dez respirações, antes de repetir o exercício.

Coloque o foco de sua atenção na ponta de suas narinas, como uma sentinela, e observe o fluxo do ar na medida em que você inspira e depois expira. Quando você expirar, conte mentalmente o número "um"; na expiração seguinte, conte "dois", depois "três", "quatro" e assim por diante. Não se concentre em nada mais. Por exemplo, não siga o percurso do ar até os seus pulmões, ou o subir e o descer de sua caixa torácica. Não permita que a mente se desvie da ponta de suas narinas. Não adormeça.

Parece fácil? Experimente!

Muito depressa você vai encontrar todo tipo de pensamentos surgindo, sem terem sido convidados, em sua mente. Há toda probabilidade de você ser distraído por eles, a ponto de não conseguir contar até dez! Isso é chamado de agitação densa e acontece com todo mundo. Quando acontecer, assim que você perceber que perdeu o objeto da meditação, simplesmente concentre outra vez a atenção na respiração e comece do "um" novamente. Não se puna pelo seu lapso de atenção. Não se engane, pensando que você é um caso especial, incapaz de responder favoravelmente a esse negócio esquisito de meditação, de modo que seria melhor desistir logo. Nossa mente inventa coisas fantásticas quando se trata de dar motivos para evitar a disciplina. Não seja enganado por nenhum deles!

Se você sentir muita agitação densa no início, não tente contar até dez, mas veja se consegue chegar até o número quatro e, a seguir, quando se sentir confortável, vá aumentando a uma contagem regular até o número sete.

Quando eu comecei a meditar, por muitos meses a minha principal prática era simplesmente passar dez minutos todos os dias contando até quatro. Uma prática simples, talvez, mas cujos efeitos são de longo alcance.

Quando a concentração melhorar, seu foco na respiração se tornará mais nítido. Agora você poderá perceber o início de cada inspiração, como ela aumenta e como aos poucos diminui. O intervalo entre a inspiração e a expiração. Depois o início, o meio e o final de cada expiração. O intervalo no final de cada expiração. À medida que você se aprofunda em uma sessão de meditação, a sua respiração irá, provavelmente, diminuir de ritmo e você se tornará cada vez mais consciente do intervalo entre a expiração e a inspiração. No que se concentrar, então? Apenas na ausência de respiração. Isso pode não parecer um objetivo ambicioso, mas, posso garantir que não apenas é profundamente calmante como também leva diretamente ao próprio âmago da sabedoria budista.

Técnica de meditação número 2: meditação de nove ciclos de respiração
Uma outra técnica focada na respiração é a seguinte: concentre-se em inspirar pela narina esquerda e expirar pela direita por três respirações. A seguir, inspire pela narina direita e expire pela esquerda por três respirações. Depois inspire e expire por ambas as narinas por três respirações.

Por ser uma meditação um pouco mais ativa do que a primeira, você talvez considere mais fácil de realizar. Entretanto, assim como no caso da contagem da respiração, depois de colocar firmemente a concentração na respiração, a sua meta deverá ser tanto manter essa concentração como desenvolvê-la, observando a natureza de cada inspiração e expiração e os espaços entre elas, como descrito anteriormente.

A ideia aqui não é respirar, fisicamente, apenas pelas narinas esquerda e direita, mas praticar o foco de nossa atenção no processo.

Atenção contínua e atenção plena

Este é o modo de entrar facilmente em seu mais íntimo lar:
Feche os olhos e se entregue.

Rumi, poeta sufi

Você logo vai descobrir, em sua prática de meditação, os dois principais obstáculos à sua prática: agitação e tédio. A agitação densa faz com que se perca completamente o objeto da meditação, de modo que temos que trazer a mente de volta, como uma criança desobediente, com suavidade, mas firmeza. Com a agitação sutil ainda se é capaz de manter o objeto da meditação, mas passamos por diversas distrações, desde a constante ameaça de total perturbação até distúrbios menos intrusivos.

Quando sentimos tédio, por outro lado, a nossa concentração é ameaçada pela sonolência. Em vez de focar no objeto da meditação, nós nos vemos pegando no sono.

Para contrabalançar esses dois principais obstáculos, temos dois recursos importantes à nossa disposição. Atenção contínua significa manter o objeto da nossa meditação na mente e não permitir que nossa concentração se desvie. Atenção plena significa estar vigilante em relação ao que nossa mente está realmente fazendo – "como um espião".

Minha reação inicial ao ouvir esse ensinamento foi que Rinpoche estava meramente fazendo distinções desnecessárias, entre coisas que no fundo não são diferentes. Concentração, atenção contínua, atenção plena... é tudo a mesma coisa, certo? À primeira vista pode parecer assim, mas quando você começa a experimentar a prática da meditação, vai perceber que existem diferenças, e que ser capaz de fazer distinções aparentemente sutis, mas importantes, pode ser uma ajuda real ao progresso. Quando nos tornamos conscientes da atenção contínua e da atenção plena como um ponto de partida, e depois as incorporamos à prática, aos poucos conseguimos aumentar a nossa eficácia como praticantes de meditação.

Terminando uma meditação

Assim como é uma boa ideia começar cada meditação com uma afirmação clara de objetivos, no final é útil reforçar essa afirmação, com isso ajudando a condicionar nossa mente para futuras sessões. Uma afirmação produtiva poderia ser a seguinte:

Pela prática desta meditação
Estou ficando cada vez mais calmo e relaxado,
Mais eficiente e feliz em tudo o que faço
Tanto para o meu bem como para o bem dos outros.

Tirando o melhor proveito da meditação

Os aspectos técnicos de uma sessão de meditação são bastante fáceis de compreender. Mas como garantir que a meditação tenha um efeito positivo em nossa vida?

Torne a meditação parte de sua rotina diária

Nosso corpo é uma criatura de hábitos. Cada um de nós tem seus próprios biorritmos diários e a ideia é trabalhar com esses ritmos e não ignorá-los. Encontrar um bom momento do dia para meditar e não alterar esse horário é muito importante.

A maioria dos praticantes de meditação de longa data que conheço inicia o dia com a meditação. Desse modo, pelo menos, você provavelmente terá que lidar apenas com a agitação e não com agitação e tédio! Levantar-se, tomar banho e depois me afastar de tudo por algum tempo constitui a minha própria rotina e a de muitos outros budistas ocupados que conheço.

Talvez você tenha que começar a trabalhar cedo, ou os seus filhos necessitam de atenção. Mas você verá resultados transformadores até mesmo se programar o despertador para tocar quinze minutos mais cedo, caso consiga manter esse hábito. É quase desnecessário dizer que é melhor praticar em um lugar onde sua privacidade seja respeitada e você não seja interrompido.

Eu gosto da seguinte analogia: se você quiser fazer fogo esfregando dois pedaços de madeira, não vai funcionar caso você esfregue por um tempo e desista, deixando os pedaços de madeira esfriarem, antes de fazer outra tentativa inútil. A consistência é exigida. Da mesma maneira, se você realmente quiser conseguir resultados da meditação, é importante torná-la parte de sua rotina diária, sem fazer dela uma atividade temporária, "quando conseguir encontrar tempo". Dez minutos por dia é melhor que duas horas no final de semana.

O que fazer se você for interrompido por algo além do seu controle? Simplesmente acalme a sua mente, repita o seu objetivo e comece do início novamente.

E se você perder uma sessão? Não se preocupe com isso. Você não terá que fazer um tempo extra no dia seguinte, a não ser que tiver vontade. O ponto importante é tornar a meditação uma parte normal e agradável da sua vida diária.

Administre as suas expectativas

"Um erro comum na prática", diz o Dalai Lama, "é ter expectativas de resultados rápidos... sinto que é mais sábio praticar sem buscar ansiosamente sinais de rápida iluminação."

Assim como achamos fácil aceitar que é preciso anos de constante malhação para se construir o corpo de um Stallone ou um Schwarzenegger, devemos aceitar que construir a mente de um Dalai Lama não vai acontecer depois de uns poucos meses de flexões mentais. Entretanto, quase todos nós ficaríamos contentes em abrir mão dos bíceps ondulantes de Arnie ou da barriga de tanquinho do Sylvester e nos satisfaríamos com uma versão de nós mesmos mais robusta e saudável. O mesmo acontece com a meditação. Embora nosso objetivo final possa ser a iluminação, nossos objetivos a curto prazo precisam ser mais realistas, tais como sentir menos agitação e mais contentamento genuíno.

E o prazo? Isso depende da sua dedicação. A transformação genuína da mente é um processo evolucionário e não revolucionário. Hábitos mentais negativos arraigados há muito tempo levam tempo para serem dominados. Entretanto, se você persistir, irá inevitavelmente progredir, da mesma maneira que fazer aeróbica todo dia não pode senão melhorar o seu sistema cardiovascular. Sem dúvida, nem sempre se sente que se está chegando a algum lugar. Uma excelente sessão de meditação, na qual nos distraímos pouco, pode muito bem ser seguida por outra, na qual nossa mente não apenas age como um macaco louco, mas como um macaco louco que acabou de assaltar uma loja! Não permita que isso o incomode. A meditação é como uma carteira de ações negociadas na Bolsa de Valores: em curto prazo, elas podem cair, bem como subir.

Mas depois de um período de meses, e depois de anos, a mudança torna-se mais profunda. A agitação densa enfraquece, a ponto de você até mesmo esquecer que alguma vez ela o incomodou. Nas palavras do mestre budista Shantideva:

Não há absolutamente nada
Que não se torne mais fácil pela familiaridade.

A iluminação não é um acontecimento que possa ser observado, como é a graduação numa universidade. Ao contrário, é um processo. É a jornada de transformação mais significativa que podemos escolher fazer.

Integre a sua prática

A definição budista de meditação é interessante: familiarizar a mente com a virtude. Uma implicação importante aqui é que a meditação não é algo que começa e termina na almofada de meditação. A atenção contínua e a atenção plena deveriam ser integradas nas atividades diárias de modo que, finalmente, toda a nossa vida se torne uma meditação.

O uso da atenção plena rapidamente revela que grande parte da nossa atividade diária tem um alarmante grau de desatenção. Sentamo-nos na frente da TV com nossa refeição favorita e talvez possamos saborear e perceber os primeiros dois bocados, mas dentro de instantes a nossa atenção é distraída pelo noticiário. Durante o restante de nossa refeição, não estamos mais prestando atenção na comida. Comer se tornou um exercício mecânico. Nossa mente está em outra parte. O mais preocupante é que nem precisamos estar assistindo à TV para que isso aconteça!

O mesmo pode ser dito a respeito de uma grande parte de nossas outras atividades. Ao caminhar para o trabalho durante uma linda manhã, em vez de apreciar o calor do sol em nossa face, podemos nos sentir tensos, antecipando mentalmente uma reunião difícil. Essa condição disseminada, a "síndrome do domingo", surge quando, em vez de desfrutar do nosso divertimento no final de semana, nossa atenção na perspectiva de uma outra semana de trabalho nos torna tão ansiosos ou deprimidos que roubamos de nós mesmos as horas limitadas de lazer que temos.

Com demasiada frequência, podemos estar fisicamente presentes, mas sem sentir de fato o que está acontecendo à nossa volta. As luzes estão acesas, para usar o velho clichê, mas não tem ninguém em casa. Não estamos mentalmente presentes, vivendo em cada momento.

Eu gosto da história do monge noviço que perguntou a um yogue muito mais velho: "O que você faz, na condição de um ser iluminado?"

Ao que o outro respondeu, depois de uma pausa: "Eu caminho, como e durmo."

O jovem monge ficou muito surpreso. "Mas eu também caminho, como e durmo", ele respondeu.

"Sim", o outro sorriu. "Mas quando caminho, eu caminho. Quando como, eu como. E quando durmo, eu durmo."

Alguns professores budistas incentivam seus alunos a colocar adesivos em vários lugares de suas casas ou escritórios com a pergunta: "O que você está pensando?", como um meio de introduzir a prática da atenção. Sem dúvida, é conveniente espreitar a nós mesmos a cada dia e fazer essa pergunta. Pois embora ninguém esteja negando o valor da análise, da reflexão, do planejamento e de outras "antecipações" cognitivas, a simples realidade é que passamos muito tempo do nosso dia em uma tagarelice interior não direcionada que, no melhor dos casos, não tem valor algum e no pior, aumenta diretamente os níveis de ansiedade e stress que sentimos. Não seria muito melhor focar na atividade do momento e realmente vivê-la? Saborear a refeição inteira, em vez de apenas o primeiro bocado?

Os benefícios da meditação

Os ensinamentos do Lam Rim nos dizem que a meditação é uma parte essencial de nosso objetivo de obter mais controle sobre nossa mente. Com maior atenção contínua e maior atenção plena teremos mais sucesso na eliminação progressiva do apego, da raiva e da ignorância, que nos causam tamanha infelicidade.

Entretanto, também ocorre que a meditação tem alguns efeitos colaterais extremamente positivos, que se apresentam muito tempo antes de você considerar seriamente a iluminação como possibilidade. Na próxima seção vou descrever como o fato de adotar a meditação básica da contagem de respirações me ajudou, tanto pessoal como profissionalmente, em um grau que eu nunca sonharia ser possível. Eu também vou me referir a um extraordinário caso de cura que conheço. E uma visita a qualquer centro budista ou de meditação logo irá produzir uma profusão de histórias sobre os diversos benefícios da meditação para seus praticantes, dos mais prosaicos aos mais profundos.

Os benefícios físicos da meditação são menos conhecidos, mas à medida que a tecnologia sobre corpo e mente no Ocidente acompanha a sabedoria intuitiva e antiga do Oriente, estamos começando a compreender o quão profundamente a meditação pode alterar nossa saúde no nível celular. Grande parte do trabalho nessa área foi feita usando os praticantes da Meditação Transcendental, ou MT, como sujeitos, principalmente porque a MT é amplamente praticada nos EUA; desse modo, há uma grande população prontamente disponível, da qual extrair amostras. A MT envolve a recitação de mantras, não muito diferentes de algumas práticas muito usadas no Budismo tibetano.

Segundo o fisiologista R. Keith Wallace da UCLA, os praticantes de meditação que usaram a MT regularmente por um período de até cinco anos tinham uma idade biológica média cinco anos menor que sua idade cronológica. Aqueles que estavam meditando há mais de cinco anos tinham uma idade biológica média doze anos a menos que sua idade cronológica. Outros estudos mostraram que a dehidroepiandrosterona (DHEA), o único hormônio conhecido que declina diretamente com a idade, é muito mais alto em praticantes regulares de meditação. Na verdade, as pessoas que meditam regularmente têm níveis médios de DHEA de pessoas dez a doze anos mais jovens, o que possivelmente explica por que tantos budistas parecem mais jovens do que são!

O trabalho inovador do Professor Richard Davidson, do Laboratório de Neurociência Afetiva na Universidade de Wisconsin-Madison, mostrou que os voluntários que se submeteram a um curso de apenas oito semanas de meditação budista mostraram maior atividade no córtex frontal esquerdo do que no direito. As pessoas que estão deprimidas, estressadas ou com raiva tendem a mostrar uma maior atividade no lado direito, ao passo que a atividade do córtex esquerdo está associada com a felicidade e o relaxamento. A mídia mundial reagiu com surpresa às suas descobertas quando foram divulgadas em maio de 2002. As pessoas podem treinar a si mesmas para serem felizes?, era o que se perguntava, com surpresa.

Há pouca dúvida de que, à medida que a ciência é acompanhada pela prática, os benefícios da meditação serão ainda mais precisamente definidos e documentados, embora a validação independente já disponível seja bastante poderosa.

Entretanto, para a maioria de nós que pratica a meditação, as recentes "inovações" nos estudos científicos, embora bem-vindas, são muito secundárias. Assim como não precisamos de dados experimentais para nos convencer que sorvete é gostoso num dia quente, também não precisamos de metodologia científica para nos convencer dos benefícios da meditação. Já temos nossa experiência direta e pessoal dessa prática poderosa que, para a maioria de nós, é a melhor maneira que conhecemos de voltar para casa.

Vendo o mundo com mais clareza

É a sua própria atenção plena, exatamente agora.
Ela é simples, natural e clara.
Por que dizer: "Eu não entendo o que é a mente"?
Não há nada em que se pensar,
Apenas a clara consciência permanente.

Padmasambhava

Eu não sabia realmente o que deveria esperar naquela primeira visita ao Gompa de Glebe Street, mas a experiência se revelou desafiadora. Sim, eu começava a aprender meditação, mas o Rinpoche também me tornou consciente de muitas outras questões. Até aquele momento, se alguma outra pessoa houvesse sugerido que eu não tinha um controle firme sobre minha própria mente, eu teria reagido com grande indignação.

Mas não havia como negar minha experiência não muito iluminadora na almofada de meditação. Nem havia como escapar da verdade óbvia da explicação do Rinpoche, de como a nossa experiência da realidade é muito mais uma projeção de nossa própria mente do que gostamos de admitir. Eu percebia que mudar a projeção não iria acontecer simplesmente por um ato de vontade.

E eu enfrentava um problema prático: quando deveria meditar? Eu me levantava todos os dias lá pelas sete horas, e assim que terminava de tomar banho, me vestir e ingerir uma tigela de cereais, já saía de casa para brigar por um lugar no trem em Clapham Junction. Meu dia de trabalho era invariavelmente uma rotina frenética, a de divulgar informações na mídia, ir atrás de jornalistas, reunir-me com clientes e preparar novas apresentações de negócios. Na hora em que tudo terminava, era raro eu chegar em casa antes das sete e meia, e muitas vezes depois das oito horas. Eu chegava cansado, farto e estressado; minha mulher e eu nos servíamos de uma ou duas taças de vinho, preparávamos o jantar ou íamos a algum restaurante local e, a seguir, afundávamos na frente da TV durante uma ou duas horas, antes de desmaiar na cama. Na manhã seguinte, a mesma rotina se repetia.

Resolvi que me levantar antes das sete horas era minha única opção real, por mais difícil que parecesse. Uma noite, ajustei meu despertador para as 6h50, preparando-me para começar a meditar.

Ainda me lembro de como eu me senti constrangido e estranho naquela primeira semana. A autoconsciência era minha maior e mais imediata causa de agitação. Sem o benefício das instruções animadoras e a lógica tranquila do Rinpoche, fui também tomado pelas dúvidas. Como acreditar que prestar atenção em minha respiração mudaria alguma coisa? De que maneira aqueles dez minutos pela manhã iriam neutralizar doze horas de stress todos os dias? Será que eu estava apenas perdendo um tempo valioso de sono?

Ao me habituar com a rotina, me conscientizei de como nosso apartamento era barulhento, mesmo no começo da manhã. Situado diretamente sob a rota de voo para o aeroporto de Heathrow, o barulho surdo e contínuo dos jatos soava acima de nossa cabeça pelo menos uma vez por minuto. Havia o chacoalhar da caminhonete de leite, o zunido baixo dos garis, o ocasional cantar dos pneus e o rangido do motor quando um motorista irado se afastava dos semáforos próximos.

Com tudo isso, eu nem mesmo tentava contar até dez. Dez, para mim, era o Monte Everest. Chegar até quatro já era um desafio suficiente!

Eu não sabia muito bem se estava chegando a algum lugar, mesmo depois de conseguir ficar mais concentrado durante uma sessão, mas sabia que tinha que dar algumas semanas de prazo para a meditação funcionar. Mas desde o começo eu me dei conta de algo diferente em minha vida. Em alguns momentos durante o dia eu me dava conta que "meditei esta manhã" e esse simples pensamento induzia um senso positivo momentâneo de que, pelo menos dez minutos por dia, eu havia feito algo de útil. Eu continuava tão estressado e irritado como antes, mas ocasionalmente eu me lembrava: *posso retomar um pouco da calma que senti quando meditei* e, fechando os olhos, eu focava em minha respiração, trazendo aquela tranquilidade da manhã para o momento.

Quanto às outras orientações da sra. Gruber, o seu efeito combinado foi instantâneo e drástico. Durante uma semana, cortei completamente o café, o álcool e produtos à base de farinha, e fiz um esforço especial para desentupir meu sistema com água. E pela primeira semana em muitos meses não fui incomodado por uma única brotoeja, nem mesmo o sinal de uma. Continuei mantendo sempre comigo os tabletes anti-histamínicos do dr. Jazrat, mas logo descobri que eles haviam se tornado desnecessários.

Não segui tão rigidamente as ordens da sra. Gruber. Cortei a bebida e o pão por apenas uma quinzena, mas segui as instruções dela em relação ao café, no qual não toquei durante seis semanas. Não foi tão difícil, e nesse meio-tempo eu me informei sobre a intolerância à cafeína, para compreender melhor como funcionava. Depois de minha primeira xícara, esperei por um indício comprometedor, mas não houve nenhum. Logo descobri que podia tomar duas xícaras por dia e ficar bem. E nunca mais tive que tomar outro tablete anti-histamínico.

O sucesso óbvio de minha guerra contra as urticárias fez com que eu percebesse a importância do equilíbrio e fortalecesse meu entusiasmo pela meditação. Embora não conseguisse praticar todos os dias, eu meditava quase todas as manhãs. Nas semanas seguintes e nos meses seguintes, ela se tornou parte natural da minha vida. No período de seis meses, era algo de que eu não mais queria abrir mão.

O primeiro e mais evidente benefício era um novo senso de perspectiva, que se desenvolvia. A analogia do Rinpoche com um copo de água lamacenta, cuja sujeira se assentava, assumiu um significado muito pessoal à medida que o mundo à minha volta se me revelava com uma clareza sem precedentes.

Eu havia abandonado minhas tentativas de me tornar um autor publicado e toda minha energia estava concentrada nas relações públicas; assim, decidi que poderia fazer avançar minha carreira tanto quanto fosse possível. Planejamento estratégico era o meu forte, mas a maioria das agências, inclusive aquela onde eu trabalhava, simplesmente não necessitava de um planejador em tempo integral. Por esse motivo, eu passava grande parte do meu tempo em outras atividades.

Portanto, quando um caçador de talentos me procurou por causa de uma oportunidade em uma empresa altamente capacitada, que valorizava o planejamento estratégico e que podia pagar generosamente por isso, pareceu que minhas mais fervorosas ambições estavam, quase sem esforço, por se realizar. O perfil da empresa era correto. As oportunidades eram infinitas. Considerando todos os fatores, a oferta parecia boa demais para ser verdade.

E assim se revelou.

Depois de algumas semanas do início do novo emprego, percebi que havia cometido um erro terrível. O que eu considerava um processo de planejamento estratégico e o que os meus novos empregadores entendiam pelo termo, eram duas coisas completamente diferentes. Além disso, a cultura da nova empresa era exatamente oposta à do ambiente tipicamente universitário que eu apreciava até pouco tempo atrás. Aqui, os consultores permaneciam de modo resoluto em seus escritórios, relutavam em partilhar ideias e fechavam suas portas para manter conversas telefônicas sussurradas. A seguir veio o choque de personalidades entre eu e um dos diretores, que parecia ter assumido a tarefa de tornar a minha vida tão desagradável quanto possível. Para completar, um pouco depois que eu entrei, a empresa foi parar nas manchetes de jornais, acusada de fraudes.

Três meses no novo emprego e eu me vi fazendo exatamente o oposto do que eu aconselhava a inumeráveis amigos e colegas no passado: pedi demissão sem ter outro emprego no lugar.

Eu tinha um plano desesperado, embora não totalmente louco. A indústria de relações públicas estava em ascensão na época e, depois de ter conversado com diversos especialistas em recrutamento, tive a certeza de que algo apareceria logo. Nesse meio-tempo, surgiam algumas oportunidades, num futuro próximo, de fazer trabalho *free-lance*.

Vocês poderiam muito bem perguntar onde estava a minha clareza e atenção plena recentemente encontradas nesse processo todo? Para que serviram aqueles meses de meditação, se a minha carreira em RP afundava rapidamente? Na verdade, o que me surpreendeu, em meio a toda insensatez, foi o quanto eu fiquei calmo. É como se eu fosse capaz de observar o desenrolar dos meus sonhos e expectativas com uma curiosa serenidade e até mesmo com bem-estar.

Não me considero um tipo particularmente estoico, de modo que o movimento potencialmente desastroso em minha carreira incomodou-me muito menos do que eu teria esperado. Em certo sentido, foi puro alívio não ter que ir novamente àquele escritório odiado. Mas do outro lado da balança, havia a necessidade de pagar o financiamento e reanimar uma carreira agora problemática. Além disso, fui forçado a abandonar qualquer ideia de que minha carreira aconteceria em uma série de passos suaves até chegar ao topo e, muito menos ainda, que não exigiria esforço.

Aconteceu que eu logo me vi ocupado com trabalho *free-lance*. Pelo fato de eu fazer algo bastante especializado e de conhecer consultores de diversas agências diferentes, depois de bater em algumas portas, meu telefone começou a tocar com novos trabalhos. Além disso, diversos colegas antigos começaram a encaminhar clientes que eram pequenos demais para uma agência, mas que viriam a ser clientes sólidos para um consultor autônomo.

Para minha própria surpresa, depois de alguns meses eu me vi ganhando mais dinheiro do que jamais havia ganho como funcionário; ao mesmo tempo, trabalhava menos horas e não tinha o stress de ter que viajar para trabalhar. Pela primeira vez em anos eu me sentia relaxado, estava aproveitando a novidade de ser meu próprio chefe e desfrutando de uma liberdade jamais sentida antes.

Fazendo uma retrospectiva, sinceramente não sei se meus primeiros e vacilantes passos na meditação foram, de algum modo misterioso, a causa de minha recém-encontrada independência. Mas estou certo de que eu venci a tempestade e descobri um modo diferente de trabalhar, com muito mais equanimidade do que seria possível sem a meditação.

E houve um novo e significativo progresso que eu sabia ter surgido diretamente desse senso renovado de perspectiva. Agora, com muito tempo para caminhar às tardezinhas por Wandsworth e Clapham Commons, pensando bastante nos acontecimentos do dia e nas coisas em geral, meus pensamentos voltavam para a vontade de escrever.

Eu não tinha nenhuma intenção de completar um outro romance não publicado. Talvez eu fosse um escriba compulsivo, mas depois de dez tentativas fracassadas, até eu reconhecia que era inútil tentar novamente! Dessa vez, eu me aproximei da escrita a partir de uma direção levemente diferente.

Por alguns anos, a mídia deu bastante atenção ao assunto da manipulação profissional de informação,* mas o fato é que muito pouca gente ti-

---

* Em inglês *spin-doctoring*, assessoria de mídia que tenta influenciar a opinião pública por meio de uma informação favoravelmente manipulada, apresentada ao público ou à mídia. (N. da T.)

nha alguma ideia de como esse sistema operava realmente, o quanto esses profissionais estavam envolvidos com a mídia que transmite informações ou, com algumas poucas exceções notáveis, quem eram essas criaturas do submundo do crime.

Por ter passado tanto tempo da minha vida adulta na indústria da RP, e tendo trabalhado para uma empresa recentemente acusada de comportamento desonesto, eu me sentia bem qualificado para preencher essa lacuna de informação. Em um momento iluminador percebi que, pela primeira vez em minha vida, em vez de tentar criar um gênero ou história que atraísse os editores, ou de tentar antecipar os impulsos e caprichos do mercado de livros, eu escreveria sobre aquilo que mais conhecia.

Dessa vez não me sentei para escrever um livro inteiro, como fazia no passado, mas esbocei alguns capítulos de amostra. Pesquisei e escrevi uma proposta curta para um livro chamado *The Invisible Persuaders*. Além disso, tentando evitar mais desapontamentos com agentes literários, enviei o material diretamente para mais de dez editores de literatura de não ficção.

Meu *modus operandi* era diferente, assim como meu estado mental. Dessa vez eu não me preocupei se a proposta seria aceita ou não. Sem dúvida que eu procurava uma resposta positiva, mas tendo investido tão pouco no projeto, se nada resultasse em relação a ele, eu não ficaria frustrado demais.

Eu achava que estava tratando do assunto certo e estava no lugar certo. Faltava saber se essa seria a hora certa, ou se os editores já teriam oficialmente encomendado um livro para preencher essa lacuna aparentemente óbvia no mercado. Apenas o tempo diria.

O poder curativo da meditação

Cerca de dez dias depois de ter enviado minhas propostas, o telefone tocou. Por uma dessas estranhas coincidências na vida, a voz no outro lado era de uma pessoa que me viera à mente diversas vezes nas duas semanas anteriores. Desde que havia visitado o Gompa da Glebe Street, eu me sentia curioso em relação a ela. Marcy Jensen estava ao telefone, de Los Angeles. Ela iria passar pela cidade. Queria saber se eu teria tempo livre para me encontrar com ela.

Alguns dias depois fui visitar Marcy na suíte habitual que ela ocupava no The Savoy. Marcy é consideravelmente mais velha do que eu; a minha mulher Janmarie muitas vezes me provoca com "as mulheres mais velhas de David". Nós havíamos nos conhecido alguns anos antes, por intermédio de um amigo comum, e imediatamente sentimos uma simpatia mútua.

Marcy foi a primeira pessoa que conheci que se dizia budista. No passado, ficávamos horas conversando sobre o Dharma, e as histórias que ela me contava sobre lamas encarnados e clarividência costumavam despertar a minha curiosidade. Mas todas as nossas conversas estimulantes do passado haviam sido ofuscadas há apenas seis meses, quando Marcy me ligou da Califórnia para dizer que havia recebido o diagnóstico de câncer no seio.

A partir e então, ficou difícil manter contato com ela. A diferença de horário entre Londres e Los Angeles tornava as coisas complicadas e Marcy não gostava de e-mails, nem mesmo de faxes. As poucas ocasiões em que falamos por telefone não foram em momentos felizes para ela. O resultado é que eu fiquei sem contato e me sentia preocupado. O próprio fato de ela estar em Londres me parecia uma coisa positiva, mas como eu perdera minha mãe depois de uma longa e exaustiva batalha contra o câncer, sabia que não deveria ter muita esperança. Nessa noite eu saberia a verdade; sozinho, porque Janmarie tinha que trabalhar.

O envolvimento de Marcy com o Budismo tibetano foi o principal fator que me levou ao Gompa da Glebe Street. Ela foi casada com um ator, famoso em Hollywood no passado. Assim, ela viveu a maior parte de sua vida nas colinas de Bel Air, num círculo social de astros e estrelas muito conhecidos e tipos humanos excêntricos. Entre eles, os atraentes destruidores de corações de Hollywood, que usavam cinta para esconder a barriga, o lorde inglês que vivia numa dieta de queijo e champanhe e o diretor de cinema parisiense que treinara seu cão pastor para tirar rolhas de champanhe com os dentes.

Marcy era uma contadora de histórias, com um cabedal de casos escandalosos; ela gostava de um público e sempre era uma companhia divertida. Todas as vezes que ela passava pela cidade, pelo menos duas vezes por ano, nós nos encontrávamos.

Foi Marcy que me contou pela primeira vez os fatos da vida do Buda Shakyamuni. "O Buda histórico que viveu 2.500 anos atrás é geralmente chamado de Buda Shakyamuni", ela me contou. "Shakya era seu nome de família e muni pode ser traduzido por 'O Habilidoso'. Mas o nome dado pelos pais dele era Siddharta, que significava 'Objetivo Atingido'."

As origens de Siddharta não eram nada comuns; ele havia nascido em 624 a.C. em uma família real cujo reinado ocupava parte do que é hoje o Nepal. Do pouco que sabemos sobre a infância do príncipe Siddharta, parece que ele se distinguia tanto na escola como nos esportes até que, aos 16 anos, casou-se com uma jovem que logo lhe deu um filho.

Durante os anos de infância e juventude, o pai do príncipe Siddharta tentou protegê-lo do lado mais sombrio da vida. Essa preocupação superava o senso normal de proteção paterna, pois, por ocasião do nascimento do príncipe, um adivinho avisou o rei Shuddhodana que o seu filho, caso se defrontasse com a evidência do sofrimento, procuraria sair de casa.

E foi exatamente isso o que aconteceu. Saindo furtivamente para os jardins que rodeavam a cidade, os encontros do príncipe Siddharta com a velhice, a doença e a morte, exatamente as coisas que seu pai tentava esconder a todo custo, foram seguidos por um poderoso encontro com um sereno monge. Movido por essas experiências e atraído pela aparente tranquilidade da vida reflexiva, o príncipe Siddharta perguntou se ele também poderia transformar-se num monge; nessa ocasião, seu pai não somente recusou, como também tentou impedi-lo de sair de casa, por meio de um destacamento de soldados que o vigiavam dia e noite.

Porém, aos 29 anos o príncipe Siddharta conseguiu escapar e decidiu se tornar um asceta. Durante seis anos ele foi um monge itinerante, vivendo em extrema austeridade e focando todas as suas energias na meditação. Durante esse tempo, privado de comida e de sono, estava ficando esquelético. Quando se deu conta de que essas privações o estavam enfraquecendo, ele aceitou alimento de uma aldeã e banhou-se em um rio próximo. Revigorado, continuou a meditar, finalmente se tornando um Buda, ou o "Desperto", sob o que se conhece hoje como Árvore Bodhi, ou Árvore do Despertar.

Pouco tempo depois, ele se encaminhou ao parque das gazelas em Sarnath, além dos limites da cidade de Benares, onde deu seu primeiro ensinamento: as Quatro Nobres Verdades. Ele passou os 45 anos seguintes ensinando o Dharma, até sua morte aos 80 anos.

Isso é o suficiente como esboço da vida do Buddha Shakyamuni. Mas eu me lembrei que Marcy se empenhava para ressaltar que Shakyamuni é apenas um dentre muitos milhões de Budas. Sem dúvida, ele é considerado como um "Buda mundial", por causa do imenso impacto dos seus ensinamentos, mas existiram dois "Budas mundiais" antes dele, e outros supostamente virão. Mas é importante entender que o Buda não era um deus, ou um homem santo especial e nem mesmo algo que acontece só uma vez. Na verdade, ele foi um exemplo vivo de algo que todos nós podemos alcançar, se seguirmos o Caminho do Meio, conforme é, às vezes, chamado; em seu nível mais básico, é um caminho entre os extremos do hedonismo e da austeridade. Não apenas todos nós temos a capacidade de nos tornarmos Despertos, como esse estado é nosso destino último. E quando realizamos nossa própria natureza búdica, ou desperta, podemos nos mover em uma infinita variedade de maneiras para ajudar os outros.

Ao chegar na suíte do hotel onde Marcy estava hospedada, quando a porta repentinamente se abriu, lá estava ela: seu cabelo grisalho cortado no estilo pajem, os travessos olhos castanhos-claros, as mãos enfeitadas com uma dúzia de anéis de bijuteria.

"Você não mudou nada!", eu disse a ela, encantado, quando nos abraçamos.

"Exatamente a mesma, mas completamente diferente!", ela concordou, conduzindo-me à sua sala. "Espumante?"

Ela acenou para o balde de gelo com uma Taittinger, a sua favorita de sempre.

"Obrigado. Eu sirvo", ofereci. "Que bom que o seu tratamento não afastou você disso."

"Obrigatório, meu caro!" disse ela, afundando em um de seus sofás.

Depois de ter servido duas taças e oferecido uma a ela, sentei-me também no sofá. "A uma excelente saúde para você." Nessa ocasião, o brinde teve uma importância especial.

"Ah!" Ela jogou a cabeça para trás depois de ter dado um gole. "Estou perfeitamente bem."

"Então, o tratamento foi..."

"Olhe", ela deu um puxão no cabelo. "É todo meu. As duas garotas aqui..." ela apontou maliciosamente os seus seios sexagenários para mim, "intactas!"

O contraste com a experiência de minha mãe com câncer de mama, ou melhor, com o tratamento, não poderia ser maior. Os efeitos colaterais tóxicos da quimioterapia foram muito piores do que qualquer coisa causada pela própria doença. Depois da mastectomia, a quimioterapia que se seguiu fez com que minha pobre mãe perdesse todo seu cabelo e tivesse que usar peruca. Náuseas e problemas de sono a atormentaram durante meses, e sua face se tornou lívida. Observá-la a distância, enquanto ela passava por tudo aquilo foi uma experiência penosa.

O poder do Buda da Medicina

Marcy chutou os chinelos para longe e, sentando-se sobre suas pernas, me contou que assim que recebeu o diagnóstico ela entrou em contato com seu professor budista, um lama tibetano que dividia seu tempo entre Los Angeles e o Canadá. Ao longo dos anos, a sua confiança no julgamento aparentemente clarividente dele cresceu, a ponto de ela aceitar mais os seus conselhos do que os de qualquer outra pessoa, inclusive os dos especialistas médicos.

"Eu lhe disse que os médicos estavam aconselhando quimioterapia." Ela fez uma careta. "Eu perguntei a eles se a cirurgia não seria suficiente. Eu tinha menos medo da cirurgia, mesmo de uma mastectomia. Mas o especialista me disse que a químio era o tratamento recomendado para evitar que o câncer se disseminasse."

"O lama escutou tudo que eu disse e eu mais ou menos esperava que ele me indicasse algum tratamento alternativo. Ervas chinesas, algo assim. Mas a sua primeira reação foi a de mostrar-se inflexível comigo. "Esta é uma boa oportunidade para você fortalecer a sua prática", ela o imitou. "Ele foi bem claro sobre o que eu deveria fazer, dizendo-me para seguir as recomendações médicas com apenas uma modificação. Eu devia praticar a meditação do Buda da Medicina tanto quanto possível. Ele foi muito determinado a esse respeito. Eu fiquei meio chorosa e perguntei se tudo daria certo, mas ele foi muito rigoroso. No início, eu não conseguia acreditar na insensibilidade que ele estava mostrando – parecia tão indiferente. Mais tarde me dei conta de que ele só fazia isso para o meu bem. Ele queria que eu compreendesse que aquela não era hora de ser mole. Não havia nada que ele pudesse fazer. Mas ele me deu instruções claras sobre o que eu deveria fazer por mim mesma. Ele disse: 'Se você praticar com um forte compromisso, não terá nada a temer.'"

A meditação do Buda da Medicina implica recitar um mantra, em combinação com certas visualizações. Entre elas, a de visualizar um Buda de cor azul escura, emanando uma poderosa luz curativa que entra no corpo, removendo todas as doenças e as causas das doenças. Assim como tantas outras práticas tântricas, o poder do Buda da Medicina depende da mente do praticante, não de uma divindade externa. Tanto as palavras como a imagem da prática do Buda da Medicina existem como recursos poderosos para ajudar a liberar aspectos específicos da nossa própria natureza búdica. Em resumo, não se trata de um pedido de cura a alguma entidade externa; trata-se de um meio de acessar um poder que já temos, que nos ajuda a curar a nós mesmos.

Ao lembrar das instruções intransigentes do seu professor, Marcy imediatamente começou uma nova rotina, na qual ela fazia sessões de três horas por dia de prática do Buda da Medicina.

"O lama tinha razão", disse ela seriamente. "*Foi* uma boa oportunidade de fortalecer a minha prática. O mundo repentinamente parece muito diferente quando você sente que sua vida está para ser tirada de você. E eu não preciso dizer a você porque eu estava temendo a químio."

Marcy não esperava nenhum efeito colateral depois da primeira parte da quimioterapia, mas estava apenas no início. Ela deveria se apresentar a cada dez dias por um período de dois meses. Entretanto, depois que a segunda e a terceira sessão de quimioterapia não foram seguidas por nenhum efeito colateral, ela falou com seu oncologista. Ela queria saber se estava recebendo a dosagem correta. Ela não deveria estar sentindo náuseas? Encolhendo os ombros, o oncologista concordou que sua experiência era incomum, mas disse que alguns pacientes tinham uma tolerância maior à quimioterapia do que outros.

"Aconteceu de o lama vir à cidade na metade do meu tratamento", disse Marcy. "Ele não pareceu surpreso de me ver na aula. Posteriormente, quando o procurei, antes que eu dissesse uma palavra, ele me disse que eu deveria continuar com o bom trabalho." Ela balançou a cabeça. "Como ele sabia o que eu estava fazendo? Eu nem havia contado a ele."

"Parece que você não precisou fazer isso."

Marcy acenou com a cabeça. "Mas não demorou muito para ele me passar um sermão novamente, avisando que o futuro estava em minhas mãos. Tudo dependia de mim. Sabe, depois de seis meses até meu especialista estava perplexo. Eu não perdi um único fio de cabelo durante o tratamento e nunca me senti mal. Ele me mostrou os exames de onde tinha estado o tumor. Havia apenas um minúsculo ponto branco, se comparado ao estado anterior. Eu tive que rir. Ele me perguntou diretamente se eu estava recorrendo a alguma outra coisa. Eu apenas respondi que às vezes imaginava a mim mesma adquirindo uma condição melhor de saúde. Sabe, não adianta falar com essa gente sobre coisas de mente-corpo."

Acompanhei isso tudo encantado, enquanto balançava a cabeça. "Então foi isso? Nenhum tratamento a mais foi necessário?"

"Certificado de saúde", ela confirmou. "Só preciso voltar dentro de seis meses para um outro *check-up*."

"E a prática do Buda da Medicina?"

"Ainda faço duas sessões por dia. Na terceira sessão faço uma meditação diferente. Quando você passa por uma experiência como a minha", seus olhos se estreitaram, "a prática realmente é importante. E eu provei a mim mesma que funciona. Fez com que eu compreendesse o que o lama me disse. Tudo depende mesmo de mim. O futuro está em minha mente. Sabe, existem pessoas que se recuperaram de doenças assustadoras apenas com o poder da mente. Tiveram recuperação espontânea."

"Como pode?"

"Você sabia que os tumores de câncer, assim como os órgãos do corpo, estão constantemente se regenerando? As células de um tumor estão continuamente morrendo e sendo substituídas. A protuberância de matéria que cresce não é a mesma desde o início. Se você puder interromper a ordem para que um tumor se regenere, a inteligência que dirige as energias em seu corpo, o tumor tem que morrer. Em algum nível profundo, que eu ainda não entendo, o reequilíbrio das energias do corpo é o âmago da prática do Buda da Medicina."

Por que as coisas acontecem: os três modelos

"Mas Marcy, você medita há anos", eu tive que dizer. "Deveria se perguntar por que chegou a ter o câncer."

"Sem dúvida!" Sua face estava animada. "No início era 'coitadinha de mim'; eu perguntei a meu especialista e ele começou a me dar uma aula sobre os radicais livres e as células cancerosas que ficam descontroladas e eu apenas disse: 'Não! Não! Quero saber como se pega o câncer, e não por quê.' Ela pôs uma mão em meu ombro, "a questão é que eu sabia qual era o porquê. Você sabe qual é o porquê".

"Eu sei?"

Acabando com o resto do seu champanhe, Marcy levantou-se do sofá e se dirigiu até o balde de gelo. "Há apenas três explicações possíveis do porquê as coisas acontecem." Ela estava em pé, garrafa na mão, enquanto por trás dela, na escuridão, barcos de passeio percorriam as duas direções do Tamisa, iluminado por lâmpadas. Aquela era Marcy em seu elemento: champanhe na mão e, o melhor de tudo, uma plateia.

"Possibilidade número um: Deus. Ele faz as coisas, ou permite que as coisas aconteçam. Mas quando olho à minha volta no mundo de hoje, não vejo nenhum indício da mão de Deus. Por que ele permitiria o Holocausto? Meio século depois, isso ainda não faz sentido. Por que as crianças negras na África nascem com HIV e ambos os pais morrem de AIDS seis meses depois? Eu não acredito que o sofrimento torna você mais compassivo quando você tem apenas duas semanas de idade! E o que dizer sobre os antílopes presos em armadilhas? Ou de um padrasto molestador? Há milhões de coisas acontecendo o tempo todo que a maior parte das pessoas, mesmo sentindo uma compaixão apenas humana, não permitiria que acontecesse, se pudesse evitar."

"A possibilidade número dois é o acaso. A explicação de que tudo acontece por acaso." Ela voltou para o sofá e fixou-me com um sorriso cínico. "Eu não sei se acontece com você, mas quando eu dirijo numa rodovia, as vacas não saem voando em direção ao meu para-brisa. Xícaras de cappuccino não se transformam espontaneamente em champanhe. As coisas não acontecem por motivo nenhum. Não é assim que as coisas funcionam. Por isso a terceira possibilidade é a única que faz sentido para mim."

"Karma?"

"Exatamente. Causa e efeito. O que circula para lá, circula para cá."

Eu acenei com a cabeça. "Acho que vou aprender sobre isso na semana que vem."

Foi a vez de Marcy ficar curiosa.

Enquanto ela erguia a taça em direção aos lábios, eu mesmo bebi um gole antes de dizer a ela: "Eu tenho ido a um lugar chamado Gompa da Glebe Street...."

4
KARMA

AS QUATRO NOBRES VERDADES

A mente é a precursora de todos os acontecimentos.

O Buda

A lei da causa e efeito, ou karma, é um conceito tipicamente budista, aparentemente simples, mas com profundas consequências na maneira em que vivemos. Isso ficou evidente quando eu retornei ao Gompa da Glebe Street depois da visita de Marcy, para uma outra aula do Rinpoche.

Agora já mais familiarizado com a etiqueta do gompa e a rotina das aulas, eu também começava a reconhecer os rostos de alguns dos meus companheiros. Era um grupo de pessoas muito cordiais, relaxadas, despreocupadas e era óbvio que algumas delas se conheciam bem, pois discutiam sobre retiros em que haviam participado no passado. Eu me perguntava o que elas estavam fazendo num curso de Lam Rim, uma vez que já deviam ter ouvido todos esses ensinamentos antes.

Foi somente mais tarde que entendi a diferença entre saber algo intelectualmente e entender com o coração. Como acontece quando nos apaixonamos, nenhuma especulação hipotética pode substituir a experiência pessoal. As horas intermináveis em frente à TV assistindo novelas ou as canções de amor, de cortar o coração, que ouvimos no rádio, de maneira nenhuma nos preparam para aquela primeira sensação vertiginosa de assombro, da intimidade romântica. Dá-se o mesmo com o Budismo, em que a compreensão teórica mais avançada é considerada totalmente secundária em relação à experiência pessoal direta.

E assim como um romance dificilmente floresce se você se trancar no seu quarto, seria muito incomum atingir as realizações da antiga sabedoria budista se você buscar amparo no bar de costume. Não existem aspirantes que estejam tão avançados no Budismo que possam deixar de se beneficiar com os principais ensinamentos ensinados mais uma vez... e outra vez ainda.

Às vezes, você tem que ouvir um conceito explicado pela centésima vez antes que a luz se faça.

"A aula de hoje é sobre o karma", começou o Rinpoche, olhando para todos com o sorriso travesso que era sua marca registrada. "Karma é uma palavra sânscrita que, estritamente falando, significa 'ação'. Mas o que se segue da ação é um resultado. Uma consequência. E é por isso que falamos sobre a lei de causa e efeito."

"Todos nós achamos essa lei natural em nossa vida diária. Todas as vezes que inserimos a chave do carro na ignição, todas as vezes que inicializamos nosso computador, todas as vezes que pomos a água para ferver, fazemos isso esperando um resultado. Bem", ele deu um largo sorriso, "talvez nem todas as vezes que inicializamos o computador!"

"O mundo inteiro funciona segundo causa e efeito. Investiguem isso e concluirão por si mesmos. Não importa se for algo tão grande quanto o padrão climático planetário, como o El Niño, ou tão pequeno quanto a atividade das microbactérias – nada acontece por acaso. Há uma relação direta entre causa e efeito."

Ele fez uma pausa, olhando para nós seriamente antes de dizer vagarosamente: "Dá-se o mesmo com a mente. Cada pensamento que temos, cada palavra que dizemos, cada ação que realizamos, cria uma causa. No decorrer de um período de tempo, todas essas causas kármicas amadurecem e se tornam efeitos."

O Budismo fala com frequência de uma corrente mental (em vez do termo "mente") e é verdade que a maneira como experimentamos nossa mente não é como uma entidade fixa, mas como um fluxo constante de consciência, clareza e atenção. Nesse fluxo, nossas ações nos predispõem a experimentar futuros acontecimentos de determinadas maneiras, sejam positivas ou negativas. Uma corrente de consciência fluindo por nossa vida. Momento a momento, estamos constantemente moldando nosso destino kármico.

O programa definitivo de autodesenvolvimento

Os psicólogos cognitivos reconhecem que as crenças moldam as atitudes que, por sua vez, moldam o comportamento. Os gurus do autodesenvolvimento, desde Norman Vincent Peale até Anthony Robbins fizeram fortunas ao propagar essa verdade antiga, mas poderosa. Eles salientam que, com muita frequência, não são as circunstâncias que nos prendem em um emprego, estilo de vida ou relacionamento específico, mas são nossas próprias crenças autolimitadoras. Substitua as crenças de "Eu não consigo" por "Eu consigo" e novos panoramas se descortinarão à sua frente.

Em seu excelente bestseller *Awaken The Giant Within*, Anthony Robbins oferece inúmeros exemplos de esportistas, músicos e pessoas de negócios que alcançaram o máximo do seu desempenho apenas quando mudaram suas crenças implícitas sobre si mesmos.

Muitas vezes penso que o Budismo poderia ser descrito como o programa definitivo de autodesenvolvimento. Riqueza pessoal, um estilo de vida afluente, sucesso na carreira e status simplesmente não eram objetivos grandes o suficiente para o Buda que, de qualquer maneira, nasceu rico e privilegiado. O Buda não era contra a riqueza; ao contrário, dinheiro e poder podem conseguir muito mais, ao menos em termos convencionais, do que pobreza e falta de poder. Mas o Buda considerava os objetivos materialistas de um único indivíduo pequenos demais, em muito curto prazo, para serem dignos dos esforços de uma vida inteira.

O Geshe Loden, presidente da Tibetan Buddhist Society, fala sobre nossa "mente de grão de sésamo", de como temos uma forte tendência de focar grande parte da nossa atenção somente em nosso bem-estar material, neste específico período da vida. Até os pássaros fazem isso, diz Geshe-la. Até mesmo os insetos! Será que na condição de seres humanos, não deveríamos almejar um pouquinho mais?

Não seria bem mais valioso abandonar uma aspiração do tamanho de sementes de sésamo e escolher um objetivo que abrange não apenas nosso bem-estar material, mas também uma genuína felicidade interior? Não apenas para nós mesmos, mas para todos os outros? Não apenas para esta vida, mas para toda a eternidade?

"A coisa boa sobre a lei do karma", disse o Rinpoche, "é que está em nosso poder criar as causas para quaisquer efeitos que desejamos. Muitos ocidentais pensam que o karma equivale ao destino, ou predestinação. Pensam que é algo sobre o qual você não tem nenhum poder de mudança. Essa é uma compreensão equivocada. Somos nós que criamos nosso próprio karma e podemos mudá-lo de uma maneira dinâmica e poderosa. Estamos criando centenas, até milhares, dessas causas todos os dias de nossa vida. Mas se não possuirmos uma boa atenção plena, podemos nem nos dar conta disso. Uma vez mais, vemos como é importante subjugar nossa mente de macaco louco, para estarmos plenamente presentes em cada momento."

"Sabem, não são só as grandes coisas que fazemos que importam. Não temos que fazer nada tão impressionante como enganar nossos patrões, ou assinar um cheque de valor alto e doar para caridade, para criar karma negativo ou positivo. Ambas essas ações, como todas as outras, começam como ideias em nossa mente, de modo que é aqui, em nossa mente, que o karma surge."

"Todos nós tendemos a ter pensamentos ou atitudes habituais e precisamos tomar muito cuidado com eles. Com muita frequência eles se fortalecem e têm um efeito cumulativo que é imenso. Como disse o Buda no Dharmapadda:

> O pensamento se manifesta como palavra;
> A palavra se manifesta como ação;
> A ação se desenvolve em hábitos;
> E hábitos se endurecem no caráter.
> De modo que observe o pensamento e seus caminhos com atenção,
> E deixe que ele se origine no amor nascido do interesse por todos os seres...
> Assim como a sombra segue o corpo,
> Assim como pensamos, nos tornaremos.

"Se quisermos saber como será nossa vida no futuro, deveríamos olhar para como pensamos e agimos hoje. Somos a soma total das decisões que tomamos. Ou, para citar o Dalai Lama: 'Nossa condição presente não é algo sem causas, nem algo causado pelo acaso. É algo que nós mesmos temos construído constantemente, por meio da série de decisões passadas e ações do corpo, da fala e da mente que nasceram delas.'"

Nossa corrente mental: nossa escolha

Anteriormente, vimos o exemplo dos dois motoristas que têm que brecar repentinamente para deixar passar outro carro. Em um caso, o motorista drapragueja e reclama com o idiota egoísta que está à sua frente. No outro, o motorista fica tranquilo e continua a cantarolar a música que toca no rádio do carro.

A questão que eu levantava era que as causas da raiva e, na verdade, de qualquer outra resposta, não estão lá fora no mundo, como geralmente supomos. Elas estão presentes em nosso fluxo mental, em forma de karma esperando para amadurecer. O motorista indignado, ao reagir com raiva conseguiu (parabéns!) apenas criar a causa para sentir raiva novamente. Ele pode não ter percebido o que fez e, por certo, não planejava sentir raiva. A menos que consiga subjugar a sua mente, ao perpetuar esse ciclo infeliz, ele vai continuar a gerar inumeráveis causas para a sua própria infelicidade futura.

Esse aspecto do karma é significativo, por revelar que somos os autores da nossa própria felicidade, ou sofrimento, futuros. Mesmo nas mais desesperadas circunstâncias, ainda temos a oportunidade de criar ilimitado karma negativo, ou positivo. O proprietário de um pequeno negócio que foi à falência. A esposa de meia-idade cujo marido a abandonou por uma mulher mais jovem. Até mesmo o homem de quarenta e poucos anos incapacitado por uma doença fatal – todas essas pessoas ainda têm uma escolha na atitude que adotam, que irá determinar as suas futuras experiências. A amargura, a recriminação e a autopiedade podem ser respostas compreensíveis. Mas tudo o que elas podem atingir, em termos kármicos, será criar as causas para mais infelicidade no futuro. Ao contrário, quando nos livramos da atitude focada em "mim mesmo", a adversidade mais traumática pode ser enfrentada com muito mais equanimidade do que seria possível de outro modo. Tragédias pessoais podem ser realmente transformadas a ponto de se tornarem a causa de ilimitada felicidade futura.

O exemplo inspirador de Alison Davis é uma ilustração desse princípio. Nascida com a espinha bífida e tendo também que suportar toda a dor de uma espinha torta, essa mulher inglesa desafiou as estatísticas, sobrevivendo até a idade adulta e casando. A batalha contra a dor tornou-se cada vez mais árdua e ela tentou suicidar-se várias vezes, logo que seu marido – depois de dez anos de casamento – resolveu deixá-la. Ela sabia que sua condição médica só podia deteriorar. Paralisada da cintura para baixo, sem sensações no lado direito de seu corpo, ela também sofria de enfisema e osteoporose. Que felicidade ela poderia encontrar na vida?

Em 1991 ela foi convidada para patrocinar duas crianças deficientes na Índia. Ela concordou e quatro anos depois fez a longa e difícil viagem para visitá-las. O que ela encontrou deixou-a chocada: centenas de crianças indianas deficientes abandonadas pelas famílias, que não podiam ou não iriam cuidar delas. Alison estendeu a mão para ajudar e isso constituiu um marco decisivo na sua vida. Retornando à Inglaterra, ela iniciou uma instituição beneficente para levantar fundos para essas crianças. Enable (Trabalhando na Índia) continuou levantando fundos para o Lar Alison Davis para Crianças Incapacitadas, agora uma instituição importante. Esta deu esperanças a inúmeras crianças que não tinham nenhuma, o que também proporcionou a Alison um senso de profunda realização. A instituição de Alison atualmente sustenta 347 crianças deficientes, bem como quinze estudantes que eram previamente parte do programa e que continuaram os estudos em escolas técnicas ou universidades.

Não temos que olhar longe para encontrar outros exemplos de pessoas capazes de superar tragédias pessoais e ajudar os outros. Olhando em volta na nossa própria comunidade, nós muitas vezes descobrimos que as pessoas que estão à frente de atividades filantrópicas não tiveram vida fácil, mas venceram a negatividade e criaram as causas da felicidade.

Uma psicologia fortalecedora

O karma é um tema desafiador, porque inverte a ideia de que todas as nossas alegrias e desespero surgem daquilo que acontece no mundo à nossa volta. Mas é, em última análise, uma psicologia mais fortalecedora do que aquela que quase todos consideramos, porque nos oferece a oportunidade de transformar toda a nossa experiência da realidade.

Uma das coisas mais renovadoras do Budismo, entretanto, é a sua insistência em que deveríamos apenas fazer as práticas que nos beneficiam. Se alguns aspectos não ajudam, simplesmente ponha-os de lado. Você sempre poderá retomá-los posteriormente. Você não irá para o inferno se não acreditar no karma. E também não irá para o céu, caso acredite. Como tudo o mais no Budismo, é o que você *faz* que conta, não o que você diz que acredita.

O leitor questionador pode, neste ponto, estar se perguntando o que, exatamente, significa uma causa kármica. Podemos admirar os que se esforçam muito para criar as causas do seu próprio sucesso. Mas se a mera determinação e o esforço árduo aparentemente não são suficientes para garanti-la, o que é necessário, então?

Karma e condições

O que um homem semeia, ele colherá.

Carta de São Paulo aos Gálatas, 6:7

É significativo que São Paulo, e o Buda antes dele, tenham usado a mesma analogia das sementes plantadas, quando falaram do futuro. É uma boa analogia, não apenas pela associação direta entre causa e efeito, mas por causa dos outros fatores implícitos que entram em jogo. Os budistas descrevem esses outros fatores como condições.

Para que uma semente germine e cresça até chegar a ser uma planta saudável, ela requer solo, umidade e luz solar. De maneira semelhante, o karma precisa das condições certas para amadurecer. Por ser um ponto bastante óbvio, é estranho que tenhamos a tendência de confundir sementes com condições. Em nossa busca de reorganizar as circunstâncias externas de nossa vida, nós com bastante frequência somos como um fazendeiro que esbanja dinheiro com os melhores condicionadores de solo e fertilizantes em sua terra, instala o sistema de irrigação mais avançado e aguarda com expectativa uma colheita abundante, mesmo que tenha esquecido de plantar uma única semente.

Segundo a sabedoria convencional, o sucesso financeiro é produto de trabalho árduo, uma disposição para correr riscos e outras considerações semelhantes. Mas todos nós conhecemos histórias de pessoas que seguiram essa fórmula, fizeram todas as coisas certas e cujos empreendimentos não terminaram em riqueza, mas em fracasso.

Por quê? Porque todas as condições podem ter sido corretas, mas sem as sementes kármicas no lugar, o sucesso nem mesmo chegou a ser uma possibilidade.

O homem de negócios que trabalha catorze horas por dia em busca de riquezas, mas é avarento com a família e amigos e cruza a rua para evitar pessoas que pedem doações é, de um ponto de vista kármico, exatamente como o fazendeiro que cultiva campos férteis, mas não planta uma única semente.

A linda (mas autocentrada) jovem, que trata os membros de sua família como empregados, seu pai como um caixa eletrônico (somente saques) e que constantemente fala mal de seus amigos pelas costas, não deveria ficar surpresa por se encontrar "infeliz" no amor, talvez muito mais tarde na vida, quando já perdeu todo o frescor da juventude. Que outro resultado ela poderia realmente esperar?

Assim como as condições, por si sós, não irão produzir um resultado positivo, as sementes sem condições apropriadas também não irão. Doar todo o lucro de sua empresa para instituições beneficentes, antes de ir para o curso de golfe, esperando que os cheques apareçam em grande quantidade não é, infelizmente, uma fórmula para o sucesso; caso contrário, todos nós estaríamos fazendo isso.

Sementes mais condições é a perspectiva que precisamos adotar para buscar resultados kármicos. É uma perspectiva que repercute em muita gente, tanto em nível racional como intuitivo. Mas mesmo assim, por que os bairros residenciais mais privativos, das principais cidades do mundo, não são inteiramente habitadas pelos cidadãos mais generosos, pacientes e éticos?

Por que coisas ruins acontecem com pessoas boas?

Podemos conhecer lavradores kármicos que não apenas cuidam das condições, como são meticulosos em relação ao plantio de sementes também. Um empreendedor que não apenas dirige um próspero negócio, mas também está envolvido com um punhado de instituições de caridade. A socialite charmosa e atraente, efusivamente afetiva com todas as pessoas que encontra, que apoia, especialmente, os velhos e os necessitados.

E então algo horrível acontece. O negócio em pleno funcionamento do empreendedor é atingido por uma queda brusca de preços, deixando a ele a perspectiva humilhante da falência. A socialite descobre que se casou com um canalha, que a abandona, depois de ter sistematicamente saqueado as suas posses. Por que, em suma, coisas más acontecem com pessoas boas e coisas boas acontecem com pessoas más?

O Budismo explica isso fundamentando que, assim como nosso atual momento de consciência é parte de um continuum mental muito maior, a nossa vida atual também deveria ser vista como parte de um quadro muito maior. De fato, nosso fluxo mental é considerado existente não apenas desde o nascimento, ou a concepção, mas desde tempos imemoriais. Se fôssemos considerar esta vida específica como uma conta num colar, ela seria apenas a última em uma série de inumeráveis contas, que se estendem muito além do que nossa vista e compreensão alcançam, até o infinito.

O fato de termos nascido em boas ou más condições e as experiências que iremos viver nesta vida, tudo isso é determinado pelo karma, amadurecendo em nosso fluxo mental. Uma semente, que pode ter sido plantada há duas existências, talvez amadureça e produza um efeito que pode não ter relação alguma com nosso comportamento atual. E é por isso que o empreendedor é afetado pela queda de preços e a socialite se encontra sozinha e na penúria.

Ao mesmo tempo em que o karma explica a dinâmica por meio da qual podemos, conscientemente, começar a criar nosso próprio destino, ele também pode ser uma ideia muito desconfortável. Qual é o estado de nossa conta bancária kármica? Que tipo de horrores nós infligimos a outros, em vidas passadas, pelos quais ainda teremos que sofrer? Não seria tão melhor acreditar em uma teoria mais benevolente, que nos absolvesse de toda responsabilidade pelas consequências de nossos pensamentos, fala e ações perniciosas?

Por mais que as implicações nos façam pensar, o ponto crítico é que nosso karma está sujeito a constante mudança. Pelo fato de nosso fluxo mental ser dinâmico, assim também são as sementes kármicas sendo plantadas e as que vão amadurecer de acordo com as condições apropriadas mudarão de momento a momento. O Budismo oferece práticas poderosas para purificar karmas negativos e cultivar ilimitado karma positivo. Os herdeiros até mesmo da dívida kármica mais pesada têm o poder de conseguir a iluminação dentro de uma única vida.

Mas para se conseguir isso, nós temos primeiro que assumir responsabilidade por nós mesmos e pelo nosso próprio destino.

Karma e a cultura da culpa

A noção de responsabilidade pessoal nunca foi tão atacada como nos dias de hoje. Em uma cultura obcecada pelo "eu", os direitos do indivíduo são tão dominantes que não apenas se torna cada vez mais raro aceitar a responsabilidade pessoal, como isso é até considerado politicamente incorreto.

Quando uma garota de 16 anos deixa de frequentar a escola para dar à luz um bebê, quantas vezes não ouvimos que ela é uma vítima de circunstâncias socioeconômicas desfavoráveis e não deveria ser culpada por seguir modelos problemáticos de papéis sociais? O marido da mulher que tem um caso é responsabilizado por passar tempo demais no escritório. O médico que faz uma cirurgia de risco de coração em um paciente obeso é processado por uma complicação que deixa seu paciente com a mão esquerda paralisada.

As sugestões de que a garota de 16 anos não precisa seguir cegamente os modelos e papéis sociais negativos (nem todo mundo faz isso), ou que a esposa deveria ter procurado uma maneira menos dúbia de preencher suas horas vagas, ou que o médico deveria receber agradecimentos por salvar a vida de alguém que já havia prejudicado a si mesmo, nem sempre são saudadas com entusiasmo. É como se os sociólogos tivessem nos dado permissão para atribuir a responsabilidade de nossas próprias ações a outras pessoas e circunstâncias.

O Budismo assume a visão oposta. "Toda responsabilidade está na própria pessoa", escreveu o sábio budista Geshe Chekowa. Esta é uma afirmação definitiva de responsabilidade pessoal. Não apenas está sob nosso poder gerar uma corrente mental que experimenta os acontecimentos de um modo específico, como o exemplo dos dois motoristas, como o tipo de vida que estamos vivendo é uma criação inteiramente nossa. Nas palavras do Buda:

> A infinita variedade de seres e universos
> Foi criada pela mente
> Todos os universos e seres são o resultado do karma.

Sendo generosos por motivos egoístas

A aceitação da lei de causa e efeito invariavelmente tem o efeito mais transformador em nossa vida. Isso é, para mim, um dos aspectos mais notáveis e engenhosos dos ensinamentos budistas: que possamos nos dar conta que é em nosso próprio interesse egoísta que devemos ser altruístas. Assim como o florir do lótus transcende a imundície do pântano, também ocorre que aqueles entre nós, que normalmente pensam somente em si mesmos, começam a se comportar de um modo que dá origem a resultados que superam muito a nossa imaginação.

Se quisermos ser ricos, é do nosso próprio interesse egoísta que sejamos generosos. Se aspirarmos a ter uma boa aparência, (pelo menos na próxima vida, mesmo se tivermos desistido disso nesta!) então deveríamos cultivar a paciência. De maneira semelhante, é do nosso maior interesse manter uma ética estrita, porque ao fazer isso estamos maximizando nossa própria felicidade futura e paz mental.

Quanto mais atentos estivermos acerca de nossos pensamentos e comportamento, mais alertas estaremos quanto às oportunidades de cultivar as causas para futuros efeitos positivos. Quando as pessoas vêm bater na porta pedindo dinheiro para caridade, em vez de ficarmos ressentidos com elas, nós podemos ficar agradecidos por uma oportunidade de desfrutar de prosperidade futura. Se estivermos parados numa fila de banco, podemos, por causa do hábito, reagir com irritação, até que lembramos que acabamos de perder uma oportunidade de melhorar toda nossa conduta. Vizinhos provocadores, chefes exigentes, cônjuges enfadonhos – podemos considerar que tudo isso não apenas surge de nossas próprias ações passadas, mas também oferece os meios para que rompamos padrões de comportamento autodestrutivos.

Por meio do conceito do karma, temos uma maneira surpreendente de mudar de atitude em relação a nossas experiências automáticas e negativas com pessoas e situações. Como você pode realmente se zangar com alguém que está sendo meramente o instrumento por meio do qual você experimenta o seu próprio karma? É como odiar a vara que bate em você e não a força que a maneja. Como você pode sentir raiva em relação a pessoas que, por meio das próprias ações, estão condenando a si mesmas a experimentar a mesma infelicidade que você sente e provavelmente muito pior?

Pelo fato de o Budismo tibetano ser uma tradição viva, não é preciso rastrear o passo de milhares de anos em busca de exemplos empolgantes dos efeitos transformadores do karma. O monge Palden Gyatso foi capturado pelos chineses quando estes invadiram o Tibete em 1959; ele ficou preso por

33 anos, período durante o qual foi submetido a torturas mentais e físicas brutais, incluindo odiosos tratamentos com choque elétrico. Finalmente liberto, ele fugiu para Dharamsala, no norte da Índia, onde se encontrou com o Dalai Lama. Durante esse encontro, Sua Santidade perguntou sobre as suas experiências na cadeia. Ele havia sofrido a um grau que a maioria de nós nem conseguiria imaginar. Quando lhe perguntaram qual havia sido a sua pior experiência, Palden Gyatso respondeu: "O medo de perder a compaixão pelos meus carcereiros."

Embora possamos apenas aspirar a esse nível de abnegação heroica, o fato de haver, entre nós, exemplos reais de vida de estados que se pode atingir com as práticas budistas, é imensamente tranquilizador.

Meses, anos ou décadas de generosidade por motivos egoístas começam a ter um efeito previsível. E tão habituais podem se tornar nossa generosidade, paciência e ética que a sua causa original, o autoaperfeiçoamento, é deixada para trás. A máscara torna-se a pessoa. O que começa como uma mudança de atitude e comportamento, trabalhada e forçada, resulta em genuína metamorfose. Especialmente quando se combina com outras práticas, incluindo várias meditações, quando exercemos com consciência a lei do karma, temos o poder de criar não somente as causas para repercussões que se estenderão muito além deste período de vida, mas também de conseguir transformações dentro dele. Reinventar a nós mesmos e o nosso futuro. Tornarmo-nos, como Palden Gyatso, seres de infinito amor e compaixão.

"Eu serei feliz quando..."

Não deixe passar ações negativas pequenas e aparentemente insignificantes.
A menor das faíscas pode incendiar uma montanha.

Ditado tibetano

Ao pensar sobre o karma como uma séria possibilidade, talvez seja inevitável que você comece a aplicá-lo na sua própria vida. Eu certamente fiz isso. Os altos e baixos recentes da minha carreira ainda estavam vivos em minha mente, e eu não podia deixar de tentar lembrar de algumas ocasiões em que eu, como o antigo colega difícil do meu curto emprego na agência, pudesse ter sido particularmente arrogante e desagradável, por esse meio criando as causas para minha infelicidade subsequente. Mas, uma vez que meu trabalho como *free-lance* se revelou tão mais gratificante que a ambiciosa carreira profissional, será que a causa de eu ter encontrado meu colega detestável realmente teria surgido de algum bom karma específico criado por mim no passado?

Além disso, sem dúvida, havia minha grande ambição não realizada na vida: a de ser um autor publicado. Com dez romances não publicados atrás de mim, agora era evidente que, embora eu pudesse ter criado as condições certas para a publicação, as sementes kármicas simplesmente não estavam lá. Eu havia trabalhado duro naquilo, mas e daí? Eu não tive a minha oportunidade. Mas então, também, quantas oportunidades eu havia dado a outras pessoas?

Se eu tivesse deixado de olhar tanto para mim e tentado dedicar um pouco do meu tempo para ajudar amigos e conhecidos a encontrar empregos, ou clientes, ou a buscar seus objetivos mundanos, talvez eu pudesse ter sido favorecido. Eu havia passado muito tempo da última década fechado atrás de minha escrivaninha, dizendo a mim mesmo que a persistência e trabalho em meu ofício certamente trariam sucesso. Mas talvez, se eu tivesse escrito apenas seis romances, em vez de dez, e utilizado um pouco do tempo que passei centrado em minha escrita para trabalhar pelo sucesso de outras pessoas, então talvez sementes kármicas suficientes teriam sido plantadas para dar frutos.

Esse é o imponderável do karma. Mal sabia eu que, mesmo enquanto eu apenas tecia considerações sobre isso, meu karma em relação ao ofício de escrever estava à beira de uma grande mudança.

Obtendo o que você deseja

Para minha grande surpresa e satisfação, a proposta de livro que eu havia enviado para diversos editores provocou não apenas uma, mas três expressões de interesse. Não que eu estivesse me permitindo manter grandes esperanças. Eu havia discutido ideias com editores diversas vezes no passado, em vão. Existe uma enorme diferença entre um papo interessado e um contrato de publicação. Além disso, na condição de *freelance*, minha atenção agora estava voltada para todo tipo de projetos mais iminentes.

Mas numa sexta-feira à tarde veio o telefonema pelo qual, em certo sentido, eu sentia que havia esperado por toda a minha vida adulta. Uma das grandes editoras existentes disse que gostaria de publicar *The Invisible Persuaders*.

Eu estava com 34 anos e escrevia desde os 18. Dez livros e uma proposta depois eu estava para realizar meu sonho mais acalentado e antigo. Depois de algumas horas a minha esposa, que sempre me incentivou, chegou em casa segurando uma garrafa de Moët et Chandon. E depois de uma noite de comemoração, na manhã seguinte fomos até Burlington Arcade, em Picadilly, onde ela comprou para mim uma caneta que eu vivia prometendo a mim mesmo, caso algum dia chegasse esse momento definitivo: uma caneta Mont Blanc Meisterstuck Legrand.

Muitas pessoas têm seus próprios símbolos e critérios particulares. Agora eu tinha o meu, e senti que podia *realmente* chamar a mim mesmo de escritor.

Amigos e família responderam à notícia com grande animação. Sabendo que há muito tempo eu trabalhava em direção a esse objetivo, eles entenderam o quanto isso significava para mim. Houve várias sessões de "beber e discar", como diz minha mulher, a amigos na África. Sim, todos os meus amigos concordaram que essa era uma notícia fabulosa!

Uma ou duas semanas depois das comemorações iniciais, surpreendeu-me o quão pouco as coisas havia realmente mudado. Eu continuava a ter que me levantar da cama todas as manhãs enquanto estava escuro e frio. Eu continuava a fazer os mesmos trabalhos para os mesmos clientes. O adiantamento que eu receberia pelo livro era apenas uma fração dos padrões normais da RP, se eu olhasse para isso do ponto de vista do tempo, de modo que eu tive que adequar a atividade de escrever a meus compromissos habituais de consultoria.

Como muitas outras pessoas de antecedentes calvinistas, eu sou bastante especialista na arte (condenada ao fracasso) da felicidade adiada. "Eu serei feliz quando X, Y ou Z acontecer" é o ponto principal geral das coisas. Quando eu conseguir o emprego, a amante, o carro. No meu caso era "quando eu obtiver o contrato do livro, minha taça vai transbordar[*] com grande alegria e felicidade". Nesse momento, segundo a teoria de Maslow da hierarquia de necessidades, minha autorrealização seria completa. Então onde estava a grande alegria e felicidade tanto tempo aguardada, com frequência prometida, há dezesseis anos em preparação? Por que será que eu me sentia tão... bem, normal? Por que eu não estava correndo nos jardins de Wandsworth Common e cantando "The Hills are Alive with de Sound of Music"?![**]

Há uma cena em um episódio de *Fawlty Towers*[***] em que uma das hóspedes se queixa da vista da janela do seu hotel. A sempre irritada Basil Fawlty,

---
[*] Alusão ao Salmo 23:5; a Bíblia de Jerusalém.(N.da T.)
[**] Alusão ao filme "A Noviça Rebelde", em que Julie Andrews canta a canção mencionada.
[***] Antigo seriado de TV americano.

gesticulando para o lado de fora da janela, pergunta: "O que você esperava de uma janela em Torquay? Manadas de antílopes estourando na pradaria? Os Jardins Suspensos da Babilônia?"

Eu não sei exatamente o que eu esperava sentir com um contrato de um livro no meu currículo, mas certamente era algo muito diferente do que eu estava sentindo. Apenas posteriormente deparei com um famoso aforismo de George Bernard Shaw, com o qual senti imediata sintonia: "Há dois desapontamentos na vida: não conseguir o que você deseja e consegui-lo."

Meu erro, sem dúvida, foi esperar que um acontecimento externo me fizesse feliz a um ponto impossível de acontecer. Por mais encantado que eu estivesse com um contrato de publicação, isso não mudou tudo. Eu descobri que havia atribuído todo tipo de expectativas a esse acontecimento que, quando finalmente ocorreu, não se materializaram. O mesmo pode ser dito para qualquer ambição de carreira: ter sucesso numa parceria, levar para casa um prêmio de $X000, receber um cliente especialmente famoso e lucrativo. Contra toda a experiência, temos essa capacidade de continuar nos enganando, supondo que a realização de qualquer acontecimento de vulto irá representar uma grande conquista pessoal. Mas depois de, às vezes, a mais curta lua de mel, nós acordamos uma manhã e descobrimos que ainda somos somente nós mesmos.

Um novo começo

No decorrer dos oito meses seguintes o livro foi escrito. Após abundante coleta e compilação de todas as informações disponíveis sobre o assunto, entrevistas e rascunhos, uma escrita datilografada surgiu. *The Invisible Persuaders*, cujo subtítulo era *How Britain's Spin-doctors Mnipulate the Media* [Como os Porta-Vozes das Relações Públicas Manipulam a Mídia], focou, como se poderia esperar, em algumas das práticas mais suspeitas no mundo da RP. Estas variavam desde o tipo trivial de fraude, usado por alguns praticantes de Londres, por meio do qual a cobertura do jornal é fotocopiada a 115% para dar aos clientes a impressão de que uma porção maior de jornal foi ocupada, até a prática bem mais sinistra de circular entre os jornalistas um "serviço secreto de informações" anônimo, mas altamente prejudicial, sobre inimigos corporativos.

A revisão de escrita difamatória que se seguiu revelou-se quase tão exaustiva como escrever o próprio livro. Como eu nunca havia trabalhado com um advogado especializado em difamações impressas até esse ponto, acabei descobrindo que não é o suficiente simplesmente saber que alguma coisa oculta aconteceu. Você tem que ser capaz de provar isso por escrito. Como resultado das intermináveis questões legais, que cobriram mais de trinta páginas resumidas, eu tive que cortar diversos detalhes suculentos do meu livro. As histórias-chave sobreviveram, mas em forma neutra. Apesar disso, eu senti de fato que estava trabalhando para realizar um objetivo importante, para o qual a minha prática do dharma, ainda muito básica, havia contribuído de duas maneiras importantes. A primeira, já mencionada, era a nova clareza com a qual eu havia sido capaz de identificar uma oportunidade que, de outra maneira, teria escapado à minha atenção. A segunda era o não apego com que eu me expressei aos editores.

É um dos curiosos paradoxos da vida o fato de que os objetivos aos quais estamos mais apegados provavelmente nos escaparão, ao passo que aqueles que não nos interessam muito simplesmente caem no nosso colo. Esse fenômeno, ensinado por treinadores de pessoas de vendas, foi reforçado quando assisti um documentário de TV sobre ricos empreendedores, que emitiam opiniões sobre os motivos do seu sucesso. O depoimento de um magnata de uma revista inglesa ficou gravado em minha mente. Ele falava ao lado da piscina de sua casa no Caribe, resplandecendo em correntes de ouro e óculos de sol, com uma *piña colada* na mão. "O importante é não dar muita importância se você ganha ou perde", declarou ele. "Eu estou sempre fazendo propostas de negócios, mas a verdade é que eu não ligo a mínima."

Nesse mesmo espírito de clareza e de não me apegar demais aos resultados, quando minha cópia datilografada finalmente conseguiu passar pelo escrutínio tanto do advogado especializado em difamações quanto de um revisor de provas especialmente zeloso, eu me vi perguntando a mim mesmo o que fazer a seguir. O período de gestação da publicação de um livro é dolorosamente longo. Durante o período entre a entrega do romance completo datilografado e sua final publicação, não é raro que um autor escreva um ou mais livros, de modo que, na época em que a primeira história, cuidadosamente elaborada, finalmente chega às prateleiras, o autor mal consegue lembrar do nome dos principais personagens.

Quanto a mim, eu não tinha um livro novo no qual trabalhar. E embora meu trabalho de consultoria em RP me mantivesse interessado e ocupado, a publicação de *The Invisible Persuaders* não seria, esperava eu, um acontecimento único.

Desde cedo, escrever ficção me atraía, portanto meus pensamentos naturalmente se desviavam para essa direção. Por mais que eu tivesse gostado de escrever *The Invisible Persuaders*, não podia negar que o processo de eliminação das difamações tinha extraído do livro suas revelações mais espantosas. O poder da revelação de fatos comprometedores muitas vezes reside tanto na revelação e autenticação dos detalhes como na narrativa dominante da duplicidade. O modelo da roupa íntima usada por um membro do Parlamento, durante seus encontros amorosos extraconjugais, parece suscitar tanto interesse quanto o próprio adultério. A garrafa de Chianti apreciada, enquanto um gênio do mal se empanturra com um fígado humano flambado, parece ser tão intrigante quanto o ato de canibalismo. Foi exatamente esse tipo de detalhes que tiveram que ser excluídos dos *The Invisible Persuaders*. Que alívio teria sido desativar os freios legais! E quão mais verdadeiro seria um relato na assim chamada ficção! Assim nasceu a ideia de um *thriller* de RP.

Mais uma vez, eu não estava tomando nada como certo. Ao planejar uma proposta, eu escrevi alguns capítulos de amostra, bem como uma carta confiante, para um dos agentes mais conhecido pelo público de Londres, alertando-o para a publicação vindoura de *The Invisible Persuaders*. Fiquei naturalmente satisfeito quando ele concordou em me contratar como cliente. Isso, entretanto, não me animou demais, pois eu havia sido contratado antes, sem sucesso. A ideia dessa vez era que meu novo agente utilizasse os rumores que, assim esperávamos, acompanhassem a publicação de *Persuaders* como o contexto para provocar o interesse dos potenciais editores do meu romance de estreia.

O lançamento de *Invisible Persuaders* foi realizado no Conrad Hotel, em Chelsea Harbour, em um glorioso dia de junho. Janmarie e eu havíamos decidido fazer algo diferente do que a noite habitual de drinques e canapés: optamos por um *brunch* de champanhe. Foi maravilhoso estar reunido com os amigos íntimos e a família, para comemorar a realização de um sonho tão acalentado e, especialmente, nesse ambiente tão próspero. Até mesmo o clima estava à altura da ocasião; lá fora, um céu azul e uma luz solar agradável formavam um cenário quase mediterrâneo para os opulentos iates rebocados em seus ancoradouros.

Exatamente dez anos antes, eu havia chegado numa cidade que parecia ser ampla e desconcertante, para me tornar um escritor publicado; finalmente, isso estava acontecendo. No decorrer desse tempo, eu conheci e me casei com minha maravilhosa mulher australiana, me tornei um londrino e avancei muito mais do que poderia imaginar em minha carreira em RP. Quanto à minha prática de meditação, ainda estava muito no início, mas havia se tornado uma parte importante da minha vida, e eu sentia que isso se intensificaria.

Talvez os acontecimentos do passado recente tivessem me dado a confiança de ser mais ousado ainda. Ou talvez dez anos de invernos ingleses e da constante sensação de desgaste, pela inescapável combinação de congestionamentos de tráfego, mau transporte público, alto custo de imóveis e poluição de todo tipo, tudo isso me fez ansiar pelos espaços muito abertos e a luz solar de minha vida anterior. Seja qual for a causa, Janmarie e eu, de modo não característico, jogamos a cautela para o lado e decidimos fazer uma mudança completa. Alugamos nosso apartamento. Compramos passagens "volta ao mundo". E sem nenhum programa fixo, rumamos primeiramente para os EUA, depois para a Austrália.

Será que meu agente conseguiria vender meu "primeiro" romance? Será que voltaríamos para viver em Londres, ou encontraríamos um novo lar em alguma outra parte? Será que minha prática de meditação sobreviveria a diversos meses de viagem? Enquanto fazíamos as nossas malas para seguir para Nova York, eu não sabia a resposta a nenhuma dessas perguntas. Mas também não estava particularmente preocupado. A partir de agora, viveríamos um dia de cada vez e permitiríamos que os acontecimentos se desdobrassem.

Conforme aconteceu, mesmo em curto prazo, minhas experiências foram além de qualquer coisa que eu teria ousado imaginar.

5
ESTA VIDA PRECIOSA

*Provavelmente se passaram muitas vidas
antes de chegarmos a uma conjunção tão auspiciosa
de condições favoráveis ao progresso no caminho
de um estado mais elevado de ser.*

O Dalai Lama

Embora minha jornada para me tornar um escritor publicado e um consultor autônomo de RP não tenha sido fácil, a rejeição maciça é uma característica da vida de um autor tanto quanto são os conflitos no local de trabalho do mundo corporativo. Mais especificamente, é em retrospectiva, com a ajuda do Dharma, que eu me dou conta de que tornei as coisas muito mais difíceis para mim do que era necessário. Ansioso como estava para realizar sonhos que, na verdade, nada mais significavam do que um rearranjo muito convencional das circunstâncias exteriores, eu deixara escapar um ponto muito maior. De fato, os ensinamentos que recebera sobre essa vida preciosa em minhas últimas semanas em Londres, fizeram com que eu me perguntasse como tinha conseguido tão pouco de valor real.

Há um capítulo no Lam Rim, que discute a preciosidade da vida humana, que muitas edições traduzem como "Lazer e Fortuna". Quando vi pela primeira vez o título, minha reação imediata foi: "Muito bem! Alguma sabedoria tibetana sobre como ficar imensamente rico." Claramente, o magnata de revista, tomando sua *piña colada* na beira da piscina de sua *vila* caribenha ainda avultava em minha mente subconsciente – tal é o poder do apego!

O curioso sobre os ensinamentos de Lazer e Fortuna, contudo, é que quando chegaram ao final, eu me senti tão afortunado como se fosse aquele multimilionário.

De uma perspectiva budista você, o leitor deste livro, e eu, o autor, estamos entre os maiores ganhadores de todos os tempos da loteria da vida. Constamos entre uma minúscula porcentagem dos seres mais afortunados que já viveram. As condições de que desfrutamos nos coloca numa categoria de um esplêndido karma, o que é realmente empolgante.

É claro que, na maior parte do tempo, raramente sentimos dessa maneira. Submersos por imagens da afluência, influência, apelo sexual e celebridade de outras pessoas e em meio ao massivo poder das companhias de publicidade, que desafiam ainda mais nossas aspirações, é fácil sentir que somos pouco mais do que um competidor que não obteve colocação na grande corrida exaustiva da vida. Desempenhamos uma pequena parte. Um papel menor. Não importa o quanto conseguimos, é fácil pensar em muitos outros que conseguiram muito mais.

Então como o Budismo chega a uma conclusão tão diferente?

De acordo com a cosmologia budista, os dois modos de existência dos quais estamos conscientes, o animal e o humano, não são, de maneira alguma, os únicos reinos na existência. Assim como outras grandes tradições espirituais, o Budismo sustenta que há uma variedade de reinos do inferno, reinos do espírito e reinos dos deuses, em que os animais e seres humanos estão ascendendo em dois terços no caminho progressivo da cadeia alimentar. Como em toda cadeia alimentar, os números ficam proporcionalmente menores quanto mais alto se sobe, de modo que os seres nos reinos do inferno superam imensamente aqueles nos reinos do espírito, que, por sua vez, superam animais, humanos e assim por diante.

Para aqueles leitores que acham difícil aceitar a existência de um reino que não possa ser detectado por meio de nossos sentidos, por menos confiáveis que esses sentidos sejam, mesmo se considerarmos a nós mesmos no contexto do observável reino animal e humano, poderemos compreender o significado de nossa imensa boa fortuna.

O Budismo usa o termo "ser senciente" referindo-se à palavra tibetana *sem-chen* que significa "tendo mente". Todos os seres sencientes são iguais no sentido de querer desfrutar a felicidade e evitar o sofrimento. Como todos os possuidores de animais de estimação sabem, os gostos e desgostos dos animais são exatamente tão específicos como os nossos próprios e, em alguns casos, não muito diferentes. Refeições saborosas, simpatia, companheirismo e um lugar agradável para relaxar são apenas alguns entre os objetivos que compartilhamos, mas quantos animais nem sequer compreendem as suas necessidades mais básicas?

Cresce o número de novas descobertas sobre a qualidade senciente dos não humanos, o que é negado, em graus variados, por muitas pessoas. A capacidade dos chimpanzés de usar computadores modificados para comunicar pensamentos e sentimentos deveria levantar questões sobre o uso que fazemos dessas criaturas inteligentes em laboratórios, especialmente em experimentos de validade duvidosa. Histórias de como porcos domésticos acordaram seus donos no meio da noite, alertando-os para um incêndio que, de outro modo, os teria matado, e outras evidências desse tipo, podem nos fazer questionar o ato de submeter esses mesmos animais ao horror do matadouro.

O cientista Rupert Sheldrake documentou numerosos experimentos, bem como um grande volume de casos, confirmando que muitas espécies animais possuem um nível mais elevado de inteligência e sentimentos do que geralmente supomos. Na ausência de formas humanas de comunicação, suas habilidades telepáticas podem também ser notáveis (como é revelado em livros tais como *Dogs that Know when their Owners are Coming Home* e *The Sense of Being Stared At*.[*]

Muitas pessoas evitam pensar na qualidade senciente dos animais, talvez por causa do dilema ético que isso pode apresentar na próxima vez em que elas pedirem um hambúrguer, ou talvez porque elas simplesmente rejeitem a evidência de que animais pensam e sentem. Mas como continuam as pesquisas nessa área, as atitudes tendem a mudar. Nas palavras de Arthur Schopenhauer, o filósofo alemão: "Primeiro, é ridicularizado. Em seguida, é violentamente negado. Finalmente, é aceito como óbvio."

A despeito dos desejos que compartilhamos de obter felicidade e de evitar o sofrimento, a triste realidade é que a maioria dos seres neste planeta não passa de alimento para outros. Desde o minúsculo plancto à poderosa baleia, a maior parte dos habitantes dos oceanos vive sob constantes ameaças às suas vidas. Em terra, a história não é muito diferente. Seja na vida selvagem, sob implacável ataque de outros animais e caçadores, seja cordeiros e gado domesticados, criados aos bilhões para o matadouro, a simples verdade é que para a maioria dos seres scientes, a vida na Terra é um modo de existência desesperadamente ameaçado. Para muitos milhões, é mais brutal e aterrador do que nos permitimos considerar, dada nossa responsabilidade pessoal e direta por tanto dessa brutalidade e terror. Tivéssemos nós uma vaga noção das agonias sendo vivenciadas exatamente agora, neste momento, de como os animais estão sendo trucidados por lentos e bárbaros métodos, ou tendo agulhas enfiadas em seus condutos biliares, ou sendo despedaçados por predadores, a experiência seria avassaladora.

---

[*] *A Sensação de Estar Sendo Observado e Outros Aspectos da Mente Expandida*, de Rupert Sheldrake, publicado pela Editora Cultrix, São Paulo, 2004.

Aquelas minorias de animais poupados do sofrimento de seus pares podem ter a boa fortuna de viver uma vida mais satisfatória. Mas mesmo o mais mimado cachorro de Manhattan tem apenas uma capacidade muito limitada de criar causas positivas para futuros efeitos positivos; se for desafiado intelectualmente e karmicamente, que esperança tem ele de alcançar algo significativo no decorrer de sua vida?

Nossa vida "normal"

Dos incontáveis trilhões de animais, quando nos deslocamos para um reino de seis bilhões e meio de humanos, o que encontramos, de acordo com várias análises das Nações Unidas, é grave, para dizer o mínimo:

◇ Dois bilhões e meio de pessoas vivem com menos de dois dólares por dia. Em outras palavras, 40% da população mundial recebe apenas 5% do seu produto.
◇ Uma vaca na União Europeia "ganha" mais que a maioria das pessoas na África; os seus proprietários recebem um subsídio diário de dois dólares e vinte centavos, enquanto 75% dos africanos vivem com menos de dois dólares por dia.
◇ No passo atual, mais de 130 anos serão necessários para livrar o mundo da fome.
◇ A cada hora, mais de 1.200 crianças, nos países mais pobres do mundo, morrem de moléstias evitáveis.
◇ Hoje, alguém que vive na Zâmbia tem menos probabilidade de alcançar os 30 anos de idade do que alguém nascido na Inglaterra em 1840.
◇ Na Índia, o índice de mortalidade para crianças de 1 a 5 anos é 50% mais alto para meninas do que para meninos. Em outras palavras, 130 mil crianças morrem a cada dia porque são do sexo feminino. Ao lado, no Paquistão, dois milhões de crianças perdem a oportunidade de se instruírem – porque são meninas.
◇ Todo ano mais de novecentas mil pessoas, principalmente mulheres e crianças, tornam-se vítimas do tráfico de pessoas.
◇ Há cem milhões de mulheres "que faltam", que estariam vivas não fosse o infanticídio, a negligência e os abortos selecionados por sexo.
◇ Cento e treze milhões de crianças em idade escolar não estão na escola – 97% delas em países em desenvolvimento.
◇ Dos duzentos países do mundo, apenas 82, com 57% da população mundial, são plenamente democráticos.

◊ Sessenta e um países, com 38% da população mundial, não têm ainda uma imprensa livre.

Por trás dessa lista de estatísticas frias existe muito sofrimento humano, que a maioria de nós nem sequer pode começar a imaginar. Muitos de nós, provavelmente a maioria dos leitores deste livro, se definiriam a si mesmos como vivendo um estilo de vida um tanto normal ou de "classe média", o que pode ser verdade em termos da sociedade na qual vivemos. O que deixamos passar é que a maioria dos nossos semelhantes seres humanos não tem acesso aos benefícios do mundo desenvolvido, que tomamos inteiramente como garantidos. Níveis de ganhos, instrução e sistemas de saúde, lei e ordem e democracia "normais", que encaramos como comuns, são, na realidade, extremamente incomuns. Por qualquer medida objetiva, nossa existência "normal" constitui uma vida de imenso privilégio. Ser classe média num país de Primeiro Mundo, na realidade, significa viver entre os afortunados 10% do topo da população humana, desfrutar lazer e fortuna de um tipo com que os 90% restantes podem apenas sonhar.

Nesse contexto, o desejo de passar dos 10% do topo para os 8%, pondo nossas mãos numa casa, carro ou pasta de ações maior ainda, parece com um vencedor da loteria que argumenta que deveria receber 556 milhões em vez de 554. Já somos vencedores na mais espetacular escala. Querer ainda mais parece realmente de mau gosto!

A raridade da sabedoria budista

Não bastasse tudo isso, estatisticamente, a improbabilidade aumenta ainda mais quando consideramos um aspecto adicional de "Lazer e Fortuna", conforme definido pelo Lam Rim: a oportunidade de estudar ensinamentos budistas. O alto valor atribuído a isso resulta do reconhecimento de que, sem a tecnologia mental oferecida pelo Budismo, as pessoas estão condenadas a viver em estados dominados por inúmeras ilusões inter-relacionadas. Algumas delas já foram discutidas e outras se seguirão. Exemplos incluem a crença de que pessoas e objetos têm características intrínsecas, em vez das qualidades que projetamos sobre eles. A crença de que pessoas e objetos têm a capacidade de nos trazer uma felicidade que pode durar mais do que nossas projeções mentais positivas. A crença de que somos apenas pessoas normais tratando de nossas ocupações corriqueiras, em lugar de seres dotados de oportunidades tão ricas que, comparados à maioria dos seres sencientes, levamos uma existência divina.

É verdade que a maioria dessas crenças é implícita e não explícita. Mas elas estão tão profundamente arraigadas que muitos de nós raramente paramos para questioná-las. Ensinamentos budistas são tidos como extremamente raros e preciosos porque proporcionam os recursos que nos libertam de uma visão fundamentalmente distorcida da realidade e as práticas para assumir o controle do nosso destino que se estende muito além desse período de vida em particular.

Foi apenas muito recentemente que o Budismo tibetano veio a ser conhecido fora do Tibete. Até vinte anos atrás, havia muito poucos textos traduzidos, ou mesmo professores. Quantos, entre os 10% de seres privilegiados do mundo, com lazer e fortuna, são também afortunados o bastante para conhecer o Budismo e possuem o karma de seguir as suas práticas? Provavelmente um em muitos milhares, o que significa que aqueles, entre nós, que são budistas constam entre a minúscula fração de 1% da população. E isso apenas no que diz respeito à população humana. E se incluíssemos também os animais? Isso sem falar dos seres sencientes de outros reinos e de uma infinidade de outros planetas. Quão afortunada pode uma pessoa ser?!

O Buda ilustrou esse mesmo ponto com uma analogia:

> Se houvesse um imenso, profundo oceano, tão grande como este mundo
> inteiro, com uma canga de ouro flutuando em sua superfície e,
> no fundo, houvesse uma tartaruga aleijada, cega, que
> emergisse apenas uma vez a cada cem anos, com que frequência
> essa tartaruga conseguiria erguer sua cabeça através da canga?
>
> (Sutra Contendo o Excelente)

Esse acontecimento seria extremamente raro, disse o Buda, mas não tão raro como ganhar uma vida humana de lazer e fortuna.

O dr. Fausto em mim

À luz dessa análise, todo o tempo que passamos reclamando de nosso emprego, nossas ambições frustradas, nossas pequenas irritações domésticas, parece de algum modo obsceno. Temos uma vida de lazer e fortuna inacreditavelmente preciosa e o que fazemos com ela? Na maioria das vezes, se formos honestos, nada de grande valor.

A famosa peça de Christopher Marlowe, o *Dr. Fausto*, conta a história de um ambicioso médico da Renascença que vendeu sua alma ao diabo em troca de 24 horas de poderes sobrenaturais. A tragédia central do drama é que, depois de pagar um preço tão alto por esses poderes, uma vez de posse deles, o brilhante médico consegue pouca coisa de substancial, rebaixando-se a fazer truques em festas. No final ele é arrastado para o inferno pelos demônios, atormentando-se por ter desperdiçado o seu futuro por tão pouco.

O quanto nos parecemos com o dr. Fausto? Se estamos na rara situação de incrementar nosso próprio desenvolvimento mental, de beneficiar tanto a nós mesmos como outros, com relativamente pouco esforço, por que concentramos tanto de nossas energias em preocupações mundanas? Por que o nosso objetivo máximo geralmente se resume em poder apreciar uma *piña colada* em uma vila do Caribe?

Vale também a pena considerar o modo como obtivemos essa oportunidade extremamente rara: por que estamos entre uma minúscula porcentagem dos seres mais privilegiados da Terra?

Conforme esboçamos no capítulo anterior, a perspectiva budista é que nada acontece por acaso e tudo é movido pelo karma. As sementes para esta vida preciosa foram plantadas em uma época anterior em nosso fluxo mental. O desejo de dar felicidade (amor) aos outros ou evitar seu sofrimento (compaixão) no passado foram a causa kármica da nossa vida atual.

Diz-se que quando o Buda Sakyamuni estava no reino dos infernos, muito tempo antes de ele se tornar pelo menos um ser humano, o momento em que ele sentiu compaixão por um companheiro marcou o início de sua ascensão até a iluminação.

Se desejarmos, temos em nós o poder de garantir nosso próprio futuro, uma verdadeira felicidade, juntamente com saúde, riqueza e sim, até mesmo *piñas coladas*. Ninguém está nos impedindo de plantar centenas, até mesmo milhares de sementes diariamente, as quais apenas podem amadurecer em efeitos positivos. Não temos que largar nosso emprego e trabalhar em instituições beneficentes no Terceiro Mundo para fazer isso. Não temos que abandonar nossa esposa e filhos e nos retirar para os Himalaias. Como já examinamos no último capítulo, os desafios da vida cotidiana são os que nos oferecem as oportunidades mais ricas para a criação de felicidade.

Nossa oportunidade ilimitada

A maioria dos seres sencientes tem apenas uma oportunidade muito limitada de criar karma positivo e desenvolver a própria mente. Como suas vidas curtas são caracterizadas por medo e agressão, é inevitável que o karma criado por eles será predominantemente negativo.

Nós, por outro lado, temos oportunidades ilimitadas de criar causas positivas, mas como nos saímos? Observando as nossas ações de corpo, fala e mente no dia a dia, quanto do que fazemos é uma causa para efeitos futuros positivos ou negativos?

Esta vida preciosa, de que apenas uma minúscula proporção de seres sencientes desfruta, apresenta-nos uma rara oportunidade de nos libertarmos totalmente do ciclo interminável de renascimento e sofrimento. Cabe a nós tirar o melhor proveito dela. Se não o fizermos, nas palavras do professor budista Aryasurya:

> Como um negociante que partiu para uma ilha de joias
> Retornando à casa de mãos vazias
> Sem os caminhos das dez virtudes
> Você não obterá [uma vida de lazer e fortuna] novamente no futuro.

Nosso maior professor

A morte contém pouca esperança para as pessoas mundanas comuns, sem experiência espiritual... O controle sobre a própria evolução futura deve ser adquirido durante a vida e não na hora da morte.

Dalai Lama

Um amigo íntimo meu foi ferido pela explosão de uma mina terrestre, aos 18 anos de idade. Na condição de soldado do exército da Rodésia, o trabalho de Jack era remover as minas colocadas pelos terroristas do ZANLA. Nessa ocasião específica, a mina havia sido camuflada de um modo inesperado. Deitado no chão a uma curta distância da mina, quando esta explodiu, ele foi atingido em cheio no seu lado esquerdo.

Levado de helicóptero ao hospital, durante diversos dias, nos seus raros momentos de consciência, ele achava que iria morrer. Ciente apenas de que estava num hospital e havia sofrido um grande traumatismo, ele estava convencido de que chegara ao fim.

Quando o estado de Jack se estabilizou e a consciência retornou mais plenamente, ele se viu com uma atadura enrolada em torno da cabeça; estilhaços de bomba haviam prejudicado seus dois olhos. Foi-lhe dito que ele ficaria cego pelo resto de sua vida.

Mas do jeito que as coisas aconteceram, Jack teve uma recuperação notável, e não apenas foi capaz de se levantar e recomeçar a andar, mas também recuperou a visão de um olho, o suficiente para torná-lo capaz de fazer quase tudo, exceto dirigir à noite. Igualmente notável, talvez, foi o impacto da explosão em suas atitudes. O Jack anterior à explosão era um indivíduo intenso, solitário, que levava a vida muito a sério. Depois da explosão, ele se tornou uma das pessoas mais relaxadas que se pode imaginar, uma pessoa sociável e animada, sempre pronta para uma resposta instantânea espirituosa. Quando éramos estudantes, e vários de nós sentávamo-nos tarde da noite para tomar cerveja, Jack estava lá, no centro dos acontecimentos, extraindo pequenos fragmentos (de estilhaços manufaturados pelos chineses) que emergiam na superfície de sua perna, os quais ele mantinha em um tubo de ensaio de vidro em sua escrivaninha, um macabro lembrete da experiência que mudou a sua vida.

Vivendo cada dia como um prêmio

Os sufis têm um ditado: "Morra antes de morrer, e você nunca morrerá." Eu sei que Jack apoiaria essas palavras. Porque quando as ameaças, tanto de morte como de cegueira permanente, desapareceram, ele considerou o tempo que tinha à sua frente como um extraordinário golpe de sorte. Segundo o parecer geral, ele deveria estar morto; assim, cada dia vivido depois disso era um prêmio, um presente.

A reação de Jack a um encontro muito real com a morte não foi sem paralelo. Podemos aprender com a experiência de outras pessoas que se recuperaram de ataques cardíacos, aparentemente fatais, ou doenças terminais; descobrimos que, muitas vezes, elas emergem da provação com um conjunto muito diferente de prioridades em relação à vida anterior.

Diante da realidade de nossa própria morte, rapidamente compreendemos o que realmente importa. Com muita frequência descobrimos que grande parte da nossa vida foi passada em busca de coisas de pouco valor duradouro. Embora seja tarde demais para mudar o que já aconteceu, nunca é tarde demais para mudar a nossa situação no presente e no futuro. Alguns poucos privilegiados, como Jack, têm o benefício da experiência no início de sua vida adulta; podem, assim, viver por muitos anos mais, com a sabedoria adquirida.

É por esse motivo que o budismo ressalta a importância de meditarmos sobre nossa própria morte, não apenas como um exercício ocasional, mas como parte da nossa prática diária. A reação automática de algumas pessoas é que os budistas devem ter algum tipo de traço mórbido. Em vez de acentuar o negativo, elas objetam, não há coisas mais felizes em que se pensar?

Paradoxalmente, não. Como o caso de Jack e muitos outros como ele demonstram, o ato de encarar realmente a morte nos faz apreciar a preciosidade da vida. Nas palavras do Buda: "Assim como a pegada do elefante é a maior pegada existente no solo da mata, a morte é o maior professor."

Nosso olhar desviado

Um de nossos desafios, na condição de pessoas ocupadas, é o de valorizar adequadamente cada dia vivido. Envolvidos como estamos em nossas preocupações com emprego exigente, nosso lar, família e a muito necessária recreação, geralmente é preciso alguma drástica intervenção que nos faça despertar para a realidade de que nossa vida oscila no mais fino dos fios. A nossa continuidade no próximo ano, mês ou mesmo dia nunca deveria ser automaticamente tomada como certa.

Mas a nossa tendência é pensar que acidentes de carro, emergências médicas e outras crises que ameaçam a vida são acontecimentos extraordinários, como se fôssemos todos viver por um quimérico espaço de tempo médio, de setenta ou oitenta e poucos anos, e que estaremos a salvo da morte até lá.

A visão budista é que esse modo de ver não apenas é inexato, mas é parte do estado de negação em relação à morte. Embora esta seja a única certeza de nossa vida, é um assunto no qual preferimos não pensar. Nas palavras do professor americano muito amado, Lama Surya Das: "Estamos rodeados pela morte, mesmo que nosso olhar esteja desviado."

Por que fazemos isso?

As pessoas que acreditam que não passamos de carne e osso e que, quando morremos, nada continua, diriam que não faz sentido tornarmo-nos infelizes pensando na perspectiva da nossa morte. Mas como ilustra o caso de Jack, até mesmo os niilistas podem obter mais da vida, caso o enfrentamento da própria mortalidade os faça despertar, a cada manhã, com o senso real de que "as próximas 24 horas são verdadeiramente um tempo precioso".

Lembrar a nós mesmos de que nossa vida é apenas temporária também pode ser algo eficaz na administração do stress. Para pessoas ocupadas, responsabilidades e prazos podem combinar-se para criar um nível de ansiedade que age como um ácido, destruindo continuamente a nossa capacidade de relaxamento e prazer. Entretanto, a ênfase budista na impermanência fornece um recurso útil para contrabalançar essa situação. Se lembrarmos a nós mesmos que todas as nossas atividades são apenas temporárias, obtemos uma perspectiva melhor e mais precisa evitando, assim, a sobrecarga.

Tenho um amigo que propõe a ideia de imaginarmos, a caminho de nosso trabalho, que naquele dia iremos apenas substituir um amigo. É uma experiência única e faremos o melhor possível. Mas não há necessidade de nos aborrecermos com situações imaginárias do tipo "E se...?", bem como outros pensamentos que induzem o stress. É apenas um trabalho temporário, certo? Ao estender a lógica, voltamos para casa não para nosso marido, mulher ou companheiro, mas para alguém com quem vamos jantar. O mesmo acontece em relação às crianças de quem cuidamos. À casa alugada.

Nossa vida é uma contínua sequência de experiências transitórias. Constatamos isso quando olhamos para trás, para os cinco ou dez anos passados. É quando concretizamos as coisas e as fazemos parecer permanentes que causamos problemas a nós mesmos.

Reconhecer a impermanência é uma sabedoria não apenas do Budismo, mas das tradições judeu-cristãs e islâmicas também. Foi exatamente essa motivação que gerou a inscrição no anel de ouro do rei Salomão, projetado para ajudá-lo a apreciar os bons tempos e atravessar os maus: "Isto, também, vai passar."

A rainha e o pássaro *kookaburra*[*]

O motivo que faz a maioria de nós admitir que se sente desconfortável com nosso futuro pós-morte é de perder tudo o que conhecemos. O que vai acontecer a seguir?

Como salienta o Dalai Lama: "Se olharmos em volta poderemos ver que estamos emaranhados no sofrimento, por todos os lados. Como podemos esperar que condições semelhantes não estejam presentes conosco depois que o corpo morre? Mas então não teremos riqueza, poder, amigos ou nem mesmo um corpo para nos proteger."

Em termos puramente materiais, a morte é o grande nivelador. O Geshe Loden tem uma frase que é bem compreendida e muitas vezes citada pelos seus alunos: "No dia em que ela morrer, a Rainha e o *kookaburra* serão iguais." Sem nenhum desrespeito à Sua Majestade, o simples fato é que, desprovida do seu corpo, riqueza, posição social e amizades, assim como

---

[*] Pássaro australiano que emite um som semelhante a uma gargalhada. (N.da T.)

um pássaro *kookaburra* que morre ao mesmo tempo, as correntes mentais dos dois seres serão tudo o que resta. Tanto a Rainha como o pássaro irão sentir a si mesmos como claridade e consciência propelida pelo karma.

Nós também.

Shantideva oferece um lampejo intuitivo especialmente aguçado:

> Pois embora eles obtenham para si mesmos fortunas e bens
> Desfrutando reputação, doce celebridade,
> Quem pode dizer para onde eles foram agora
> Com toda a bagagem de sua afluência e fama?

O que aconteceu com as correntes mentais de todas aquelas pessoas que dominaram as manchetes, mas não estão mais entre nós? Membros da família real, políticos, astros de cinema, magnatas de negócios, garotas roqueiras e outras celebridades. Onde estão agora e o que estão fazendo? Será que eles cultivaram o karma positivo sólido necessário para um precioso renascimento humano, com lazer e fortuna, ou estarão num reino inferior onde o karma positivo é tão mais difícil de acumular? Será que sua corrente mental agora é a do pássaro empoleirado na árvore do lado de fora de sua janela? E o que dizer de nossa própria corrente mental... para onde ela se dirige?

O processo da morte

O processo da morte é um tema muito importante no Budismo tibetano, que fornece uma profusão de instruções detalhadas sobre os estágios, ou "bardos", da morte, o estágio intermediário e o renascimento. A obra de grande influência de Sogyal Rinpoche, *The Tibetan Book of Living and Dying*, oferece instruções de imensa utilidade para as pessoas que enfrentam sua própria morte, ou a morte daqueles que lhe são próximos.

Para o propósito de um livro introdutório como este, é suficiente dizer que o Budismo ensina que a vida é mais bem vivida quando fundada não apenas na atenção plena da morte, mas também na atenção plena do nosso raro lazer e boa sorte. Temos, agora, uma oportunidade desfrutada apenas por uma fração de uma porcentagem singular de seres humanos, sem mencionar todos os outros seres. Essa oportunidade com certeza chegará ao fim, talvez hoje mesmo mais tarde. Quando ela se for, a menos que tenhamos criado suficiente karma positivo em nossa corrente mental, quem pode dizer quais experiências teremos que suportar?

Embora não haja nada de intrinsecamente errado com as atividades normais mundanas, tais como ganhar dinheiro, formar família e apreciar o divertimento, é também verdade que, a não ser que a motivação para isso seja boa, os benefícios dessas atividades se darão a curto prazo. Que enorme tragédia seria desperdiçar uma oportunidade preciosa, e necessariamente limitada, para não atingir nada que não tenha relevância em um prazo maior. Como diz o Dalai Lama: "Não deveríamos ser como um mendigo que, ano após ano, nada faz de significativo, terminando de mãos vazias na hora da morte."

O Budismo provê uma base sólida sobre a qual cultivarmos não apenas a felicidade nesta vida atual, mas, a longo prazo, nada menos do que a grande felicidade da iluminação. Ele também nos fornece todos os recursos mentais de que precisamos para prosseguir por meio do processo da morte e o estado de bardo que o segue, para garantir, no mínimo, um renascimento futuro positivo. Se formos especialmente aplicados, teremos os meios de conseguir uma liberdade completa e final do ciclo interminável e desimpedido de renascimento e morte.

Exemplos vivos

Sabemos que isso é verdade, não por causa de uma fé cega em textos ou gurus, mas porque estamos rodeados de seres em diversos estágios de evolução mental. Os mais desenvolvidos entre esses seres têm tamanho domínio sobre a própria mente que a morte física deles é realmente surpreendente. Em alguns casos, o coração da pessoa que está morrendo irá parar de bater e a respiração cessará, mas ela permanecerá em uma postura meditativa por um período de diversos dias, e seu corpo brilhará de saúde. Em outros casos, o lar de yogues à morte foi encontrado banhado por uma luz da cor do arco-íris. Dentro da casa, em vez de um cadáver, tudo o que se encontra é uma fragrância deliciosa, juntamente com um pequeno feixe de cabelos e unhas.

Essas não são fábulas antigas, mas acontecimentos reais. Não são relatados no Ocidente, porque as comunidades nas quais eles ocorrem geralmente ficam no Oriente, não tendo nada a provar, e certamente sem nenhum desejo de transformar a morte de um ser amado em uma exibição de aberrações num tabloide. Além disso, essas ocorrências sempre foram consideradas normais, mesmo que raras, sendo sinais de realizações especiais em partes da Índia.

Alguns dos mais compassivos entre esses seres altamente evoluídos têm a habilidade de escolher retornar para viver entre nós, para prosseguir com seu trabalho das encarnações anteriores. O atual Dalai Lama, por exemplo, é reconhecido como a décima quarta encarnação do mesmo continuum mental que retornou em sucessivas vidas para ser o líder dos budistas tibetanos.

Mas a Sua Santidade não está sozinho, de modo algum. Há muitas outras reencarnações reconhecidas, ou tulkus, que escolheram renascer no Ocidente. Um dos mais famosos é o Lama Yeshe.

O exemplo do Lama Yeshe

*Quando o pássaro de ferro voar, e os cavalos andarem sobre rodas,
O povo tibetano será disperso como formigas pelo Mundo,
E o dharma chegará na terra do povo de face vermelha.*

Padmasambhava, fundador do primeiro monastério tibetano, cerca de 800 d.C.

O Lama Thubten Yeshe foi um pioneiro na popularização dos ensinamentos budistas no Ocidente, especialmente na América do Norte. Um carismático construtor de pontes entre Oriente e Ocidente, ele foi descrito por sua amiga, a autora Vicki Mackenzie, como "rechonchudo, amoroso, engraçado, às vezes ofensivo, às vezes agradavelmente comovente e sempre fazendo o esforço de utilizar quaisquer métodos possíveis para passar a sua mensagem". Vicki Mackenzie é uma jornalista britânica que trabalhava para jornais nacionais e foi uma das primeiras a escrever sobre a questão da reencarnação para o grande público. O seu best-seller internacional, *Reincarnation: The Boy Lama*[*] conta a história do menino espanhol Ösel, que foi reconhecido pelo Dalai Lama como a reencarnarão do seu professor tibetano, o Lama Thubten Yeshe.

Nascido no Tibete em 1935, desde uma tenra idade o Lama Yeshe expressou um forte desejo de levar uma vida religiosa. Ele amava visitar um convento próximo, assistir às cerimônias budistas e sempre que um monge vinha para a casa de sua família, ele implorava a permissão de partir com ele para seu monastério.

Quando ele completou 6 anos, seus pais permitiram que ingressasse em Sera Je, um estabelecimento de ensino em um dos três grandes centros monásticos Gelug perto de Lhasa. De conformidade com a tradição monás-

---
[*] Reincarnação: O Menino Lama. (N.da T.)

tica, ele permaneceu lá até os 25 anos de idade, recebendo ensinamentos de diversos lamas de alta posição, tanto nos caminhos do Lam Rim (sutra) como no Vajrayana (tantra). Extensivas memorizações de textos, análises e vigorosos debates sempre foram os indicadores de qualidade do ensinamento budista e o Lama Yeshe tinha disso um conhecimento profundo quando deixou Sera Je.

Em 1959, como às vezes ele expressa: "os chineses gentilmente nos disseram que chegara a hora de sair do Tibete e conhecer o mundo exterior." Escapando através do Butão, ele encontrou outros refugiados tibetanos no nordeste da Índia, onde deu continuidade aos seus estudos. Ali ele também conquistou seu próprio discípulo de coração, Thubten Zopa Rinpoche.

Origens da FPTM

Foi apenas nos meados dos anos 1960, quando Lama Yeshe tinha 30 anos, que ele teve seu primeiro contato significativo com os ocidentais. O pedido de ensinamentos, por parte de uma mulher americana, Zina Rachevsky, fez o Lama Yeshe e o Lama Zopa mudarem para o Nepal. Depois de alguns anos, eles conseguiram comprar uma terra no topo de uma colina próxima a Kathmandu, chamada Kopan, onde fundaram o Mahayana Gompa Centre, em 1969. Quando o primeiro curso de meditação foi dado ali em 1971, estiveram presentes vinte alunos. Na ocasião do sétimo curso, em 1974, o interesse era tão grande que o número de participantes teve que ser limitado a 200!

Esse foi o modesto começo da Fundação para a Preservação da Tradição Mahayana (FPTM), agora uma das maiores organizações de Budismo tibetano no mundo. Em meados da década de 1970, tendo ensinado milhares de ocidentais, incluindo hippies fumantes de maconha e sérios buscadores, que viajavam para a Índia para "encontrar" a si mesmos, parecia inevitável que o Lama Yeshe começaria a viajar para o Ocidente para ensinar. Não apenas o seu inglês havia melhorado, mas também a sua compreensão da mente ocidental. A sua presença era diferente de tudo o que a maioria das pessoas conhecia; ele irradiava tamanho amor, compaixão e inteligência brincalhona que os alunos com frequência ficavam comovidos até as lágrimas pelas suas palavras.

Como Vicki Mackenzie afirma em *Reincarnation: The Boy Lama*:

> Suas respostas eram maravilhosas, exatamente o que, de alguma maneira, precisávamos. Ele demolia completamente todos os nossos conceitos dualistas

e estreitos. "Vocês têm mente de Mickey Mouse! Vocês são tão confinados, tão limitados", ele dizia. De algum modo as suas palavras eram como um milagre. Ele dizia verdades consagradas e fazia tudo parecer tão simples. Nossa confusão e preocupações simplesmente se dissolviam. Ele unia todos nós, transcendia todas as divisões.

Entre meados da década de 1970 e 1984, o Lama Yeshe viajou extensivamente para a Europa, o Reino Unido, os EUA e a Austrália, criando uma indelével impressão em incontáveis novos alunos. Visitando monastérios cristãos, indo para as praias australianas por três dias para aprender sobre a cultura do lugar e misturando-se com as multidões na Disneylândia, ele não hesitava em abandonar os costumes tradicionais tibetanos para aprender mais sobre os seus alunos. E ele era invariavelmente acompanhado por Lama Zopa, que fornecia uma contraparte ascética à sua extroversão irreprimível. Assim, quando o lama muito amado morreu de um ataque cardíaco em Los Angeles, no início de 1984, seu falecimento criou ondas de choque e tristeza no mundo inteiro. Ele tinha apenas 49 anos.

O Lama Yeshe ficou gravemente enfermo durante quatro meses, embora, de acordo com relatórios médicos a partir de 1974, era um milagre que ele ainda estivesse vivo. Duas válvulas em seu coração eram defeituosas e, por causa da enorme quantidade de trabalho extra que ele tinha que fazer para bombear sangue, o coração havia quase dobrado de tamanho. Ele mesmo havia dito dez anos antes que estava vivo "apenas pelo poder do mantra".

Então coube ao Lama Zopa, seu fiel aluno, supervisionar os programas. Estes começaram com uma vigília no Cedars Sinai Hospital em Los Angeles. Como muitos mestres altamente realizados, a morte física do Lama Yeshe foi seguida por dois dias em um estado meditativo, antes que um movimento final e sutil de sua cabeça assinalasse uma bem-sucedida transferência de consciência. Posteriormente seu corpo foi cremado em Boulder Creek, Colorado.

O novo começo

No dia 12 de fevereiro de 1985, em Granada, na Espanha, Ösel Hita Torres nasceu dos pais Maria e Paco. O novo bebê não fora planejado e, inicialmente, no que dizia respeito a Maria, não era inteiramente bem-vindo. O casal já tinha quatro filhos com menos de 6 anos de idade numa casa superlotada. Paco, um empreiteiro, estava subempregado havia alguns meses e a família estava bastante endividada.

Sendo uma família comum na aldeia de Bubión, no sul da Espanha, talvez a única coisa atípica sobre os Hita Torres era o seu interesse pelo Budismo tibetano. Em 1977, eles participaram de um curso de duas semanas na ilha de Ibiza conduzido por ninguém menos que o Lama Yeshe.

"Eu nunca vi ninguém como ele", disse Maria. "Sua energia, o poder que vinha dele, era incrível. Ele transmitia com o seu rosto, suas mãos, seu corpo inteiro, de todo modo possível, para nos fazer compreender."

Posteriormente, os Hita Torres, juntamente com seu amigo francês François Camus, discutiram a ideia de iniciar um centro de retiros na Espanha. Depois que o Lama Yeshe deu sua bênção a essa ideia, durante seis anos Paco e François puseram toda a sua energia e dinheiro na construção de uma casa de meditação e aposentos para retiro; não apenas isso, mas também de uma estrada levando até lá, em um remoto pedaço de terra nas montanhas Alpujarra.

Com o benefício da compreensão posterior dos fatos acontecidos, um acontecimento altamente auspicioso precedeu o nascimento de Ösel. O Dalai Lama fez uma visita súbita e não planejada ao centro de retiros, o qual ele chamou de Ösel-Ling, ou "Lugar da Luz Clara", referindo-se à luz clara da mente mais sutil, que é o objetivo dos praticantes de meditação. Dada a agenda ocupada de Sua Santidade, parecia um desvio incomum em direção a um remoto e insignificante local.

Em retrospecto, parece também irônico que Maria uma vez tenha se queixado ao Lama Yeshe de como seus filhos a impediam de ir aos retiros. A resposta dele? "Os seus filhos são o seu retiro. Você deveria se relacionar com cada um deles como se fosse um Buda, porque nunca se sabe quem eles são."

Primeiros sinais

Desde o início havia algo marcadamente diferente a respeito de Ösel Hita Torres. Seu nascimento foi incrivelmente fácil: apenas uma contração, sem dores para a sua mãe, e ele emergia no mundo, com os olhos abertos e com serenidade. Ele dormia durante a noite inteira, desde o dia em que nasceu, nunca chorava, mesmo quando tinha fome. Ele era reservado, sem necessidade de estar com as outras crianças. E tinha a concentração mais incomum para um bebê, segurando e olhando coisas sutis, como um único fio de cabelo, por longos períodos.

Na época de sua chegada, a sorte de sua família prontamente mudou e Paco encontrou muito trabalho na área de construção.

Maria e Paco certamente haviam discutido a ideia de que seu bebê poderia ser a reencarnação do Lama Yeshe, mas a ideia parecia uma fantasia irrelevante, dada a vida ocupada que levavam, criando uma família de cinco filhos e tentando dirigir um centro de retiros.

O primeiro sinal claro de que Ösel poderia ter um futuro muito especial à sua frente chegou quando ele foi levado, quando bebê, a uma cerimônia num centro da FPTM na Alemanha. O Lama Zopa, antigo aluno de Lama Yeshe e agora diretor da FPTM, notou o bebê e perguntou seu nome. Mais tarde, durante a cerimônia, ele disse: "O Lama está muito perto de nós neste momento. Ele pode até estar nesta sala conosco."

Dois meses depois, o Lama Zopa visitou Ösel Ling para dar um curso. Durante um intervalo para o chá, Maria saiu da sala de meditação e voltou percebendo que o Lama Zopa havia erguido Ösel com ele até o trono, onde se sentava para ministrar ensinamentos. Mais tarde, o lama fez perguntas detalhadas à Maria sobre aspectos do nascimento do bebê. Embora nada tenha sido dito explicitamente, ao partir ele deu a Maria o mala do Lama Yeshe, um conjunto de contas de rosário usadas para contar os mantras.

O elo possível entre o Lama Yeshe e Ösel, embora intrigante, foi mais uma vez empurrado para o pano de fundo da vida doméstica ocupada dos Hita Torres. No entanto, sem o conhecimento de Maria e Paco, o Lama Zopa estava no encalço da reencarnação do Lama Yeshe já fazia algum tempo. Muitos conselheiros clarividentes haviam dado indicações precisas, sugerindo que Ösel era ele; na Índia, os nomes Maria e Paco e o local de nascimento de Ösel haviam sido mencionados por diferentes oráculos. Não obstante, de acordo com os procedimentos precisos estabelecidos para identificar os tulkus (lamas que renascem voluntariamente para ajudar os outros a se iluminarem), o Lama Zopa investigou diversas opções possíveis antes de pedir permissão a Maria, em abril de 1986, para levar Ösel para Delhi, para um encontro com o Dalai Lama.

Um auspicioso primeiro encontro foi seguido por uma longa viagem a Dharamsala e por testes subsequentes. Estes incluíam apresentar a Ösel objetos rituais que haviam sido os favoritos de Lama Yeshe, juntamente com alternativas quase idênticas e mais atraentes. Em cada caso, Ösel corretamente escolhia o "seu" próprio objeto. Formalmente reconhecido como a legítima encarnação do Lama Yeshe, Ösel começou um treinamento formal no novo monastério Sera, na Índia, preparando-se para sua nova vida como mestre ocidental do Dharma.

Quase duas décadas depois, ele havia recebido tanto uma instrução monástica tradicional como uma instrução ocidental, e o seu currículo foi sensivelmente guiado pelo Lama Zopa. Dado o rigor do sistema budista tibetano, ele ainda deve passar por dez a quinze anos de estudo antes de iniciar sua própria prática de ensino.

Mas ele já demonstrou a mesma energia, força de propósito e compromisso de ajudar os outros que tinha em sua vida anterior. Ele também confirmou a sua identidade passada de inumeráveis maneiras. Estas são descritas no atraente livro de Vicky Mackenzie *Reincarnation: The Boy Lama*, que fornece muitas revelações fascinantes sobre a história do Lama Yeshe/Lama Ösel; foi desse livro que extraí grande parte deste material.

Quem são nossos filhos?

Escolhi o Lama Ösen para ilustrar como os seres altamente realizados podem dominar o processo da morte, pelo principal motivo do grande avanço do trabalho do Lama Yeshe e do Lama Zopa no Ocidente e da organização global que é a FPTM.

Mas não há nada de exclusivo nesse caso particular. Quanto mais procurarmos, mais exemplos encontraremos de tulkus reencarnados, nascidos na América, no Canadá, na Nova Zelândia e em outros países ocidentais. Diversos exemplos intrigantes são dados em outros dos livros de Vicky Mackenzie, *Reborn in the West*. Em alguns casos, tal como o de Jetsunma, que agora dirige um centro perto de Washington DC, as crianças nasceram e foram criadas em lares de diversas religiões, mas conduziam práticas budistas sem saber o que eram, até que "coincidências" posteriores na vida deles revelaram não apenas seus caminhos budistas, mas suas identidades anteriores.

Devemos também fazer menção aos indícios crescentes que emergem na área de regressão a vidas passadas, em que pessoas em um estado de profundo relaxamento, ou hipnotizadas, são capazes de relembrar, vividamente, incidentes que aparentemente foram vivenciados em vidas anteriores. Embora não seja uma prática budista, isso sustenta o conceito de renascimento tido como natural não apenas no Oriente, mas também entre grupos judeus mais ortodoxos e nos primórdios da igreja cristã, até que foi banido pelo imperador Justiniano I em 543 d.C.

Embora os ensinamentos budistas sobre esta vida preciosa se concentrem na necessidade de preencher nosso verdadeiro potencial, o conceito de nascimento e renascimento, tão novo em nossa maneira de pensar ocidental, apresenta-nos possibilidades surpreendentes. Quem era minha parceira, meus filhos, meus amigos, meus animais de estimação em uma vida anterior e que karma nos reuniu? Quem era eu? Será que karma e renascimento explicam por que somos tão atraídos por algumas pessoas e sentimos tanta aversão por outras?

De maneira semelhante, ao pensar sobre nosso futuro, em vez de nos concentrarmos nos próximos dois anos, ou, no máximo, em nossa aposentadoria, que tal abandonar nossa "mente de Mickey Mouse", nossas preocupações minúsculas, e obter uma perspectiva mais ampla? Que tal um plano de cinquenta anos? Nosso plano para a próxima vida? Eis aqui, com certeza, um objetivo digno de nossa energia, propósito e extraordinária boa sorte.

6
O PRIMEIRO PASSO

REFUGIANDO-SE

Visão não é suficiente. Ela deve ser combinada com ousadia.
Não é suficiente olhar para os degraus, devemos também subir a escada.

Vaclav Havel

Era esse específico período de vida, e não uma visão mais panorâmica, que me preocupava depois que Janmarie e eu saímos de Londres. Nova York foi nossa primeira parada numa jornada de volta ao mundo que nos levaria a vários pontos de parada nos EUA, antes de seguir para Fiji e depois para a Grande Barreira.

Eu sempre fora atraído pelos Estados Unidos. É espantoso constatar que, em meio a tantas paisagens únicas e diversas, do charme singular das aldeias da Nova Inglaterra até a vulgaridade dos novos-ricos de Las Vegas; do opressivo torpor do Deep South ao vasto industrialismo do Norte, o povo americano parecia unido em seu patriotismo e confiança. É um exemplo que poderia inspirar outros países divididos e cheios de ódio entre si.

Enquanto minha mulher queria descobrir a Broadway e Times Square pela primeira vez, eu havia visitado antes a Big Apple, sem gostar muito da experiência. Sem dúvida, a extensão e energia de Nova York eram realmente impressionantes, mas havia também, em relação ao local, uma qualidade de incivilidade taciturna, mergulhada em si mesma, que não me entusiasmava. Mais tarde, eu descobriria que isso era muito mais uma máscara, como a aparente frieza dos londrinos.

Essa visita específica foi breve e dominada por notícias de Londres. Meu agente literário havia enviado capítulos de amostra e um sumário do meu romance proposto, *Conflict of Interest*, logo depois da publicação de *The Invisible Persuaders*, para vários editores do Reino Unido. E para minha grande surpresa e alegria, não apenas um, mas dois, se interessaram em comprá-lo. A primeira oferta era uma soma irrisória, mas assim que o segundo editor entrou na disputa, essa oferta foi dobrada e, depois de regateio adicional, dobrada outra vez. Chegavam faxes ao nosso quarto de hotel, com as últimas ofertas de Londres. Um negócio de um livro tornou-se um negócio de dois livros, numa questão de horas. Longas propostas de marketing zumbiam pelo aparelho de fax, prometendo me transformar num importante romancista internacional de *best-sellers*, uma expressão que jamais esquecerei por sua espantosa audácia.

Por mais que eu estivesse eletrizado por essa última virada de acontecimentos, havia também algo perturbador no que estava acontecendo. Como era possível que algo que estava valendo 25 mil libras num dia, valesse cinquenta mil libras alguns dias depois? As palavras sobre a página não haviam mudado. Nada a respeito da história era diferente. Mas as intenções dos editores haviam claramente mudado. Essa era uma consideração que tentei empurrar para o fundo de minha mente, mas que permaneceu em meus pensamentos por um longo tempo depois disso.

Nesse meio-tempo, a lufada de atividade continuou, até que, num estonteante final, o leilão chegou a um encerramento. Eu aceitei uma oferta que representava o equivalente a cerca de dezoito meses de honorários, tempo suficiente, pelo menos eu esperava, para escrever ambos os romances para os quais havia sido contratado. O melhor foi a confiança dos meus futuros editores, que adotaram uma perspectiva de longo prazo em relação a minha carreira de escritor. A intenção deles era construir a minha marca, livro por livro, até que eu alcançasse o reino dos *best-sellers*.

Tendo fechado um negócio em Londres, meu agente assegurou-me, numa postura obstinada, que Nova York era a próxima na lista, a ser seguida por Hollywood. Direitos estrangeiros também foram mencionados. Traduções numa infinidade de línguas estrangeiras pareciam à vista. Num estado de espírito celebratório, Janmarie e eu jantamos no The Plaza, um lugar frequentado assiduamente por meu autor favorito de sempre, F. Scott Fitzgerald. Enquanto sorvíamos champanha no Oak Room, no auge de uma noite, minha carreira de escritor, tão longamente frustrada, nunca parecera tão brilhante de promessas.

Seria tentador atribuir um significado kármico indevido ao que, em retrospecto, acabou se transformando em diversos anos de incrível boa fortuna. Eu havia mudado de um trabalho estressante para um estilo de vida muito mais compensador, seguido por contratos de publicação que até então me escaparam. Eu me perguntava se isso estaria relacionado com o fato de ter começado a meditar, ou com meus primeiros passos vacilantes no caminho do dharma. Talvez. Mas a realidade é que conheço muitos budistas, cuja prática tem sido incomparavelmente maior do que a minha, mas que sofreram reversos materiais devastadores. Prêmios kármicos de curto prazo são sempre possíveis, mas o condicionamento da mente é um processo que dura uma vida.

O que esse novo avanço ofereceu de fato foi a liberdade de escolher onde viveríamos a seguir. Tendo nascido e crescido na Rodésia, nome que tinha o Zimbábue nos tempos coloniais, e tendo passado o início de minha vida adulta na África do Sul, eu havia deixado meu coração nesse continente. Seu poder de atração sobre as pessoas que sentem que pertencem ao local tem sido descrito por escritores muito melhores do que eu, entre eles Elspeth Huxley, que em *White Man's Country* (1935) descreve como o abraço invisível da África perdura

> ...na memória daqueles que haviam partido de lá, reverberando na mente de maneira tão viva, que parecia que as narinas sentiam o doce odor de um vlei após as chuvas ou o formigar da poeira vermelha das estradas ainda não pavimentadas; o ouvido captava o chamado melancólico do pássaro que anuncia a chuva, ou ainda o canto rítmico, estranhamente comovente, provindo da garganta dos africanos distantes.

Entretanto, por mais profundamente que desejasse voltar, era preciso pensar com a cabeça e não com o coração; eu não parecia ver nenhum futuro, a longo prazo, na África do Sul, para um profissional branco.

Ao buscar uma melhor qualidade de vida, com luz do sol, espaço e menos frenesi, finalmente decidimos morar em Perth, no oeste australiano. Era a cidade natal de Janmarie, e logo foi também a minha. Encarapitada nas bordas do oceano Índico, ela é uma das cidades mais isoladas do mundo, o que talvez seja a razão de sua maravilhosa qualidade de vida, com suas praias de areias brancas, seu clima mediterrâneo e seu centro moderno, visivelmente livre de sujeira, de grafites e de qualquer outra forma de lixo. No sul, a poucas horas de distância, estão os vinhedos do Margaret River e, mais adiante, as florestas das montanhas de Denmark e de Albany.

Quando me encontrei instalado, comecei a trabalhar em *Conflict of Interests*.

Depois do período de transição, uma das primeiras coisas a se tornarem óbvias foi quanto tempo tínhamos, repentinamente. Em vez de viajarmos de 45 minutos até uma hora para chegar ao local de trabalho ou para conversar com clientes, o tempo de viagem, agora, durava cerca de dez minutos. Estávamos livres do stress da cidade grande e subitamente tínhamos noites inteiras ao nosso dispor. Se eu não tivesse recebido nenhum ensinamento acerca de lazer e fortuna, ainda assim teria me sentido afortunado; era como se a tampa da panela de pressão em que eu vivia, desde que mudei para Londres, houvesse sido removida e agora tínhamos tempo de respirar. Mas após os ensinamentos do Rinpoche, fiquei ainda mais ciente da extrema raridade da minha boa sorte. Fiz algumas indagações sobre aulas de Budismo tibetano em Perth e decidi que a melhor coisa a fazer seria visitar a instituição mais próxima da minha casa: a Tibetan Buddhist Society (TBS).

Estava dando continuidade a minha meditação matinal de Londres, mas faltava a elas um sentido de direção. Minha concentração estava melhorando lentamente, mas aonde levava tudo isso? Eu mal sabia que, ao fazer minha opção pelo TBS, não poderia ter escolhido um lugar melhor para conduzir as coisas até o estágio seguinte.

Havia uma verdadeira vibração, no gompa da TBS, em Mount Lawley, quando fiz a minha primeira visita. Eu me lembro nitidamente de ter pensado que aquilo era bem diferente da Glebe Street; os thankas e as estátuas eram muito parecidas, mas a energia da sala era muito mais positiva. Eu não sabia se isso se devia à exuberância australiana em ação, ou era uma questão de estilo de vida. Com certeza, jamais veríamos shorts e camisetas na Glebe Street; na maior parte do ano, o frio seria demasiado.

A real causa da excitação, como logo descobri, era o professor, Les Sheehy. Um genuíno australiano, nascido e criado em Perth, Les é também uma pessoa muita ocupada. Além de dirigir vários negócios, de ser marido e pai, prestar serviços à comunidade, tais como cursos sobre como lidar com o stress, ele também ensina pelo menos duas noites por semana, conduz retiros de meditação várias vezes ao ano, e, juntamente com sua esposa Marg, dirige a maior parte da administração da TBS. Les é um homem direto, dinâmico e grande comunicador; ele é conhecido por sua abordagem direta do Dharma e, como a maioria dos mestres budistas, por seu senso de humor completamente irreverente.

"Estamos hoje no capítulo sobre Refugiar-se", começou ele, tirando o *Path of Enlightenment*, de Geshe Loden, o qual, pesando mais de um quilo e duzentas gramas, com uma espessura de mais de seis centímetros, é provavelmente o mais abrangente comentário de Lam Rim em língua inglesa. "Assim, eu gostaria de começar com uma pergunta."

De todo o gompa vieram suspiros fingidos.

"Uma pergunta simples", disse ele sorridente. "Uma definição, por favor. O que é um budista?"

A pausa não foi longa, antes de aparecer um voluntário: "Alguém que segue os ensinamentos do Buda?"

"Quais?", perguntou Les. "Diz-se que do Buda vieram 84 mil ensinamentos. Quantos deles você precisa seguir para passar pelo portal?"

"Alguém que quer se iluminar?", propôs outro discípulo.

Les negou com a cabeça. "Os budistas vipassana, a Escola do Sul, não aspiram à iluminação. Eles aspiram ao nirvana, o que é diferente. Mas não se pode dizer que não sejam budistas."

Depois de uma pausa, um discípulo na fileira da frente propôs "Alguém que se refugia nas Três Joias".

"Obrigado, Richard", disse Les, antes de lançar um olhar ao redor da sala. "Todos entenderam isso? Um budista é uma pessoa que se refugia no Buda, no Dharma e na Sangha."

Nesse momento, quando todos estavam assentindo em reconhecimento: "Mais uma pergunta: quais são os motivos para nos refugiarmos?"

"Isso depende de sua motivação", sugeriu alguém.

"Muito bem", Les estava assentindo. "Vocês se lembram do quanto a intenção é importante na determinação do karma? É também extremamente importante compreender o que motiva você a seguir o Dharma."

Por que seguimos o caminho

Um jovem monge indagou ao mestre: "Como posso me libertar?"
Ao que o mestre respondeu: "Quem foi que o colocou no cativeiro?"

Lição Advaita

O Buda transmitiu numerosos ensinamentos a pessoas com diferentes níveis de inteligência, compreensão e motivação, explicou Les. Falando de modo simples, ele conversou com as pessoas numa linguagem que elas pudessem compreender. Se voltarmos à analogia do lótus enraizado no leito do pântano e florescendo na sua superfície, estamos todos em diferentes estágios de crescimento.

De uma perspectiva budista, o nível mais básico de motivação surge do reconhecimento de diversos fatores: e se o fluxo de nossa mente tiver uma existência depois desta vida? E se as causas realmente criarem efeitos segundo a lei do karma? Da mesma maneira que uma pessoa sensata planeja a própria vida além das necessidades do dia a dia, não deveríamos olhar além dos horizontes imediatos desta vida específica?

Esse nível de motivação é um bom ponto de partida. Ele nos ajuda a considerar os altos e baixos de nossa vida uma perspectiva melhor. Quando pensamos no quadro mais amplo, fica mais fácil lidar com nossas frustrações inevitáveis e nosso desespero.

Mas as coisas ainda não terminam aí. Uma análise mais profunda da vida, tal como compreendida nas Quatro Nobres Verdades do Buda, nos mostra que, se quisermos ter a experiência da verdadeira felicidade, é preciso que nos esforcemos por um futuro fora do samsara.

Samsara é uma forma abreviada para indicar a existência cíclica, a roda infindável de nascimento, envelhecimento, doença e morte que todos experimentamos desde tempos imemoriais. Uma definição mais verdadeira de samsara, entretanto, seria "a mente afligida pelo karma e pela ilusão". É essa mente que perpetua nossa experiência de uma existência cíclica; o seu oposto, uma mente libertada do karma e da ilusão, é definida como nirvana.

É altamente significativo que nem o samsara nem o nirvana dependam de estarmos num estado ou lugar físico específico. O nirvana não é uma versão budista do céu, em que precisamos morrer para descobrir por experiência própria. Tampouco o samsara acaba com a morte. O melhor é que cada um de nós tem a oportunidade de alcançar o nirvana nesta vida mesmo.

Pelo fato de o Budismo ser uma tradição viva, é possível encontrar exemplos de pessoas que alcançaram o nirvana. Elas podem passar pelas mesmas experiências que nós; porém, em vez de reagir com inveja ou impaciência, seu estado mental é um estado de felicidade e de paz imutável. Olhem para o Dalai Lama como um exemplo do resultado final das práticas budistas. Como um líder que perdeu o seu país, como um homem sensível que viu muitos de seus amigos serem torturados e mortos, seria compreensível que ele tivesse se tornado uma pessoa imensamente amarga e vingativa. Mas a maior parte das pessoas que tiveram o privilégio de conhecê-lo confirmará que ele irradia bem-aventurança e serenidade. Na verdade, é impossível imaginar alguém mais feliz!

Renúncia

Segundo a visão de muitos budistas, eles já passaram pela experiência de karma e de ilusões suficiente para todas suas muitas vidas e têm a aspiração de se libertar completamente do samsara. Nas palavras do Dalai Lama: "Quando surgir dentro de você o pensamento que aspira a transcender ao mundo, tão fortemente quanto o pensamento de encontrar uma saída que surgiria em uma pessoa presa em uma casa em chamas, isso significa que você se tornou um aspirante espiritual da perspectiva intermediária."

Essa motivação é também conhecida como renúncia, uma palavra capaz de despertar imagens pouco atraentes de negação de si, mas que nesse sentido significa meramente "virar as costas para a insatisfação". O reconhecimento de que as realizações do mundo simplesmente não proporcionam uma felicidade duradoura e que precisamos desenvolver o lado interior, em vez de modificar as circunstâncias exteriores, é uma motivação importante. É também a base para alcançar o nirvana, representado com frequência pela flor de lótus. Não é por acaso que a maior parte das estátuas do Buda o representam sentado em almofadas apoiadas em uma flor de lótus, o símbolo da renúncia.

Mas e se alcançarmos o nirvana? E se, por uma extrema diligência, alcançarmos sua suprema paz e felicidade? Seria isso o suficiente, ou existe um nível de motivação ainda mais profundo?

Alguns anos atrás, alguns turistas foram raptados por terroristas nas Filipinas e mantidos como reféns por muitos meses na floresta. Foram finalmente libertados em pequenos grupos. Nunca me esquecerei da reação de um dos reféns que foi entrevistado no aeroporto a caminho de sua casa para encontrar sua esposa, que havia sido libertada poucos dias antes.

Poderia se pensar que depois de meses de extrema privação, sob a ameaça constante da incerteza e da morte, o fato de ter voltado, são e salvo, para a esposa, o lar e a família, seria a causa de uma alegre celebração. Mas o refém, embora aliviado, somente conseguia pensar no grupo de reféns que fora deixado para trás. Eram aqueles que nos meses precedentes haviam sido seus companheiros de prisão, que ele agora conhecia melhor que qualquer outra pessoa, e com os quais, em várias situações, tinha formado vínculos profundos. Sua preocupação principal era assegurar-se de que aqueles que ainda eram reféns seriam libertados em segurança para experimentar a mesma liberdade que era a dele agora. Só então ele poderia celebrar.

Bodhichitta

Da mesma maneira, os praticantes budistas com a motivação mais profunda aspiram não somente a libertar-se eles mesmos do samsara, mas a ajudar a todos os seres sencientes a alcançarem a mesma liberdade. Essa é a motivação conhecida no budismo como bodhichitta e que podemos traduzir aproximadamente aqui como "compaixão", e que, mais que qualquer outro conceito é aquele que define o Budismo tibetano, que aspira a alcançar a iluminação pessoal para ajudar a todos os outros a também se iluminarem.

Na condição de Budas, não somente nós mesmos experimentaremos uma felicidade sem limites, mas seremos também mais capazes de livrar todos os seres sencientes dos sofrimentos do samsara.

Isso pode parecer um propósito muito grandioso e nobre e é mesmo! É a máxima motivação que pode ser concebida. E é a razão por que o Budismo pode ser considerado uma tradição extremamente otimista: nós almejamos o mais alto pico da realização e nos encaminhamos para ele, passo a passo, apoiados em nossos esforços pelo exemplo de todos os Budas do passado e do presente, pelos ensinamentos do Buda Sakyamuni há 2.500 anos e pelos nossos companheiros de jornada no caminho.

Dada a importância do bodhichitta, que é profunda, como a maioria dos temas do dharma, todo o próximo capítulo é dedicado a ele. Em termos simbólicos, da mesma maneira que a renúncia é representada pelo lótus, o bodhichitta é representado por uma almofada prateada, a cor da lua, na qual o Buda é geralmente representado sentado.

Eu disse na minha introdução a este livro que a tradução de Lam Rim é aproximadamente "Caminho para a Iluminação". Mais precisamente, é "O Caminho Gradual para a Iluminação", em que os níveis de motivação que se aprofundam definem as graduações.

É importante, em nosso entusiasmo em abraçar o dharma, que permitamos que nossa própria motivação se desenvolva de maneira sincera e de coração, em vez de tentarmos salvar todos os seres sencientes no primeiro dia. A renúncia, por exemplo, é uma motivação especialmente traiçoeira. Em teoria podemos ficar convencidos. Ao ler livros sobre o dharma ou ao ouvir os ensinamentos, é possível que a aceitemos de maneira absoluta. Mas ao viver nossa vida cotidiana, nossos padrões de comportamento habitual se reafirmam e continuamos a criar causas que sabemos que trarão somente resultados negativos. Sim, queremos alcançar a iluminação, nós talvez pensemos, mas será que não é possível termos também as partes boas do samsara?

O Budismo fornece uma grande quantidade de antídotos a serem usados quando nos surpreendemos fazendo isso. É possível considerar, por vários ângulos, o Lam Rim como um manual, cheio de práticas para fazer frente à insatisfação, uma caixa de ferramentas de conceitos e técnicas para todas as ocasiões.

É bom lembrar também que nos encontramos numa jornada de transformação que nos tomará não somente o resto dessa vida, mas talvez vidas que estão por vir. Como um homem de negócios fora de forma que chega à academia para uma avaliação, não devemos esperar sair de lá em forma, com os músculos duros e ótimos depois de umas duas semanas. Será necessária a aplicação paciente de disciplina e energia. Devemos ter confiança no sucesso se persistirmos. Modelos para seguir não nos faltam.

Porém, é importante dar o primeiro passo.

Refugiar-se: o que é e o que não é

O único fracasso verdadeiro é o fracasso em começar.

Harold Blake Walker

"Refugiar-se" é geralmente definido como estabelecer uma direção clara e segura. Quando nos refugiamos, estamos de maneira consciente assumindo um compromisso com o Buda, como um exemplo da iluminação que desejamos alcançar, com o Dharma, os seus ensinamentos, que são a maneira mais efetiva de alcançar a iluminação e com a Sangha, ou a comunidade dos budistas, como um meio de incentivo e de apoio em nossa jornada. Geralmente nos referimos a estes como as "três joias" ou "gema tripla".

Participar de uma cerimônia de "Refugiar-se" com o próprio mestre é geralmente considerado o ponto no qual a pessoa oficialmente se torna um budista. A cerimônia pode durar apenas dez minutos e o Budismo tibetano exige que se repita uma estrofe com os seguintes versos:

No Buda, no Dharma e na Sangha
Eu me refugio até me iluminar
Pela prática da generosidade e outras,
Que eu possa alcançar o Estado Búdico para beneficiar todos os seres.

Embora esse seja um compromisso importante para o indivíduo em questão, o fato de a pessoa ir para o refúgio não é uma ocasião social, como um batismo ou um bar-mitzvah e não se considera que o evento em si, embora significativo, vá mudar de maneira drástica o futuro dela. A transformação pessoal é um processo evolucionário.

Depois de refugiar-se pela primeira vez, exige-se dos budistas geralmente que repitam a estrofe acima ao menos três vezes por dia, como um lembrete dos objetivos que buscamos. Depois disso, nas palavras do Dalai Lama: "Com atenção a todas as atividades do corpo, da fala e da mente, devemos continuar nossa vida com nossa prática, mantida como um tesouro interior, não como um ornamento a ser ostentado diante de outros.

Um ditado tibetano diz: 'Mude a sua mente; deixe o resto como está.' Esse conselho é especialmente bom para os principiantes."

No Ocidente, onde nosso impulso natural é expressar as coisas em termos materiais, é possível encontrar algumas vezes entusiastas usando vestimentas ou hábitos que imitam os dos monges e monjas ordenados, as contas de mala enroladas ao redor do pulso, ou com a cabeça raspada. É possível ouvir tais pessoas se vangloriando do seu vegetarianismo, afirmando ter alcançado níveis de bem-aventurança transcendente ou adotando maneirismos que implicam grande santidade ou poderes superiores.

Todas as tradições têm seus seguidores embaraçosos e o Budismo não é uma exceção. No verdadeiro Budismo tibetano, os praticantes das mais altas realizações se esforçam para ressaltar a sua qualidade comum. O Dalai Lama insiste que é "um simples monge" e a maioria dos budistas se orienta por isso. Há um relato divertido sobre um lama de alta hierarquia que, ao chegar aos Estados Unidos para estabelecer um centro do Dharma, iniciou a primeira noite de palestras enfatizando que, longe de ser a criança prodígio que faz viagens astrais, o que seu público talvez estivesse esperando, ele era um simples monge sem realizações. Desapontados por essa revelação, em uma cultura em que afirmações exageradas são consideradas normais, apareceu pouca gente no segundo dia e o centro não teve sucesso.

Podemos salientar, também, que o ato de refugiar-se e o processo de renúncia não implicam doar para caridade toda a poupança que ganhamos arduamente, desistir do nosso emprego e procurar trabalho na instituição que distribui sopa para caridade. Fazer uma mudança instantânea em nossas circunstâncias materiais seria entender mal as coisas. Além disso, o velho chavão não é que "o dinheiro é a raiz de todo o mal", mas sim que "o amor ao dinheiro é a raiz de todo o mal". Uma lenda de minha especial predileção e que ilustra isso fala de um monge budista que visitou um rico príncipe. Tradicionalmente, os monges podem ter muito poucas posses: duas mudas de roupa e uma tigela de mendicância na qual eles recebem comida. Como aquele era um dia quente, o príncipe sugeriu que fossem para o jardim de sua opulenta propriedade. E lá estavam eles, a alguma distância da casa do príncipe, quando um criado veio correndo na direção deles. "Há um incêndio no palácio. Todo o edifício está queimando!"

A reação do monge foi levantar-se de um salto. "Minha tigela! Eu a deixei no palácio!", gritou ele enquanto corria para tentar recuperá-la. O príncipe, por outro lado, se mostrou indiferente: tudo o que estava sendo destruído eram coisas materiais, às quais se sentia pouco ligado. Aquilo que você possui, para encurtar, é de menor importância que a natureza de sua atitude em relação às posses.

O ato de refugiar-se, como as outras práticas budistas, relaciona-se com a reorganização dos aspectos interiores, e não das circunstâncias exteriores. Não se trata de dar a impressão de ser um budista, ou de declarar a sua crença no Budismo. Também não se trata de alterar dramaticamente suas circunstâncias materiais. Aquilo que importa realmente, diz o Dalai Lama, é estar consciente das ações do corpo, da fala e da mente e de garantir que elas sejam consistentes com os objetivos que nos propomos ao nos refugiar.

Tenho refletido com frequência que, em nossas interações com os outros, caso gravássemos durante um dia um videoteipe de um budista se comportando de acordo com os ensinamentos do dharma, um cristão agindo de maneira consistente com as escrituras e um muçulmano observando o Alcorão, ao fim desse dia um observador imparcial seria incapaz de diferenciar um seguidor de outro.

Resumindo, podemos nos sentir inspirados e altamente privilegiados por ter a oportunidade de trabalhar para a iluminação de todos os seres sencientes, mas não é necessário atrairmos atenção para nós mesmos. Refugiar-se é importante, mas é somente o primeiro passo numa jornada de transformação. É nosso cartão de sócio na academia. O verdadeiro trabalho ainda está por vir.

7
CULTIVANDO A COMPAIXÃO

O CORAÇÃO DA ILUMINAÇÃO

Toda a alegria que o mundo contém
Vem de desejar a felicidade para os outros.
Todo o sofrimento que o mundo contém
Vem de desejar o prazer para si mesmo.

Shantideva

Imagine esta cena: você foi considerado culpado de algum crime desconhecido, mas terrível e está para receber uma sentença. É impossível sair impune. Uma multa seria leniente demais. Do mesmo modo, um período na prisão. No estado surreal em que você se encontra, o juiz criou uma pena cruel, de 24 horas por dia, para você.

Você vai ser levado para fora do tribunal e voltar à sua vida cotidiana. Aparentemente, você foi libertado. A questão é que você deverá ser acompanhado por toda a parte por um ser invisível. Esse ser é exatamente como você, em todos os aspectos; de início talvez você pense: "Não é tão ruim assim." Mas a punição é que a sua companhia invisível nunca para de falar. Você logo descobre que, desde o momento em que desperta pela manhã, mesmo antes de abrir os olhos, até o momento em que finalmente adormece, o falatório prossegue. Blá-blá-blá. Não há como fugir da punição. Você não consegue ter nem cinco minutos de paz e silêncio no banheiro. O juiz ordenou explicitamente que você nunca fique sozinho.

A maioria do tempo o seu torturador invisível fala coisas desconexas, em uma corrente caótica de consciência. Ele tem alguns momentos lúcidos. Mas mesmo estes podem enlouquecer você, porque o ser invisível fala apenas de um tema, um único tema – eu, eu mesmo, mim – o tempo todo! Quero mais, agora! Me dá, me dá, me dá!

Ninguém mais está ciente da tagarelice interminável do Si Mesmo, para chamá-lo assim. O que não é nenhuma desvantagem. Se o constante monólogo do Si Mesmo devesse ser transmitido pelo rádio, você logo se afastaria, não apenas por causa das preocupações frequentes e insípidas do Si Mesmo, com as quais pessoas legais como você e seus amigos não querem ter ligação, mas porque ele é tão completamente focado no "eu".

Infelizmente, essa história é muito menos fictícia do que gostaríamos de admitir. O Si Mesmo parece sempre presente, ou abertamente, ou de prontidão, insistentemente sussurrando para nós. Mas quando tentamos virar o refletor para ele, para localizá-lo, para torná-lo responsável por algum episódio desastroso, assim como McCavity em *Cats*, de T.S.Eliot, ele nunca está lá.

Por ser o mais astuto dos operadores e o exímio manipulador quando necessário, o Si Mesmo cuida para se mostrar, quando conseguimos vê-lo, como o mestre das explicações plausíveis. Não é a vaidade ou presunção do Si Mesmo que fez você perder a calma com alguém; de modo nenhum, aquela pessoa não parava de provocar. Não é a constante necessidade de autoengrandecimento do Si Mesmo ou de objetos materiais que faz você abusar do seu limite de crédito; ao contrário, você está apenas tentando dar a sua família uma melhor qualidade de vida!

Mesmo quando conseguimos ver através dos tortuosos caminhos do Si Mesmo, e reconhecer sua influência perigosa, na maior parte do tempo estamos tão acostumados com ele e com suas intermináveis queixas sobre coisas sem importância, que chegamos a pensar que é assim mesmo. Natural. Isso é intrínseco a quem somos.

Mais do que isso, se alguém insinuar que teve algum vislumbre do Si Mesmo e não gostou muito do que viu, longe de concordar com essa pessoa sobre esse infeliz estado de coisas, nós nos sentiremos magoados ou zangados e pularemos em defesa do Si Mesmo. Como uma vítima de sequestro que sofre da Síndrome de Estocolmo (que começa a sentir empatia e depois se apaixona pelo seu raptor), embora saibamos que o Si Mesmo é fanfarrão, negativo e obsessivo, a estranha verdade é que o amamos mais do que nada e nos esforçamos para satisfazer cada capricho dele. Fazemos o possível para que ele se sinta especial, brilhante, bem-sucedido, popular, saudável, poderoso, iluminado ou qualquer ilusão em que por ventura ele se encontre. O mais assustador de tudo é que em algum ponto do caminho permitimos que o Si Mesmo domine a nossa consciência de tal modo que até começamos a pensar nele como nossa essência. Nosso ser real. Nosso "verdadeiro eu".

As revistas populares alardeiam que permitir a expressão do Si Mesmo é um dos maiores objetivos dos seres humanos. Quando outras pessoas colocam obstáculos a isso, elas estão pondo em risco nossas chances de felicidade e deveríamos nos libertar de pessoas e situações tão negativas.

Os motivadores nos dizem para acreditar em nós mesmos. Isso é muito revelador. Nunca nos pedem para acreditar em um carro Mercedes-Benz, ou na gravidade, ou num concerto de Mozart, então por que a necessidade de acreditar no Si Mesmo? O fato é que o Si Mesmo tem um segredo muito sombrio e doloroso e depende de nossa crença para a sua sobrevivência muito mais do que geralmente percebemos. Falaremos mais sobre isso posteriormente.

A sociedade dá muito valor à proteção dos direitos do Si Mesmo. Os publicitários jogam diretamente com a monomania do Si Mesmo. E o desejo de proporcionar ao Si Mesmo os quinze minutos de fama, de fazer com que se sinta importante, é constantemente explorado de maneiras novas e criativas.

De um ponto de vista budista, a veneração pelo Si Mesmo é pura loucura. Não há maneira mais eficaz de garantir nosso próprio sofrimento. De toda a nossa insatisfação, cada pontada de sofrimento que sentimos pode ser atribuída ao nosso padrão habitual de satisfazer as vontades do Si Mesmo.

Essa observação de modo algum é exclusiva do Budismo. Há uma crescente tendência entre os psicólogos contemporâneos de considerar que o culto ao "eu" foi longe demais. E, sem sombra de dúvidas, uma das razões pelas quais o Dharma está se tornando tão popular no Ocidente é que muitos de nós estamos acordando para o reconhecimento de que ele trata diretamente da infelicidade predominante em nossa época.

Algumas estatísticas: nas nações ocidentais, cerca de 60% dos lares costumavam incluir crianças, e agora apenas 12% o fazem. Mais de 80% dos nossos idosos vivem sozinhos ou com um cônjuge, em vez de serem parte de uma família, comparados com os 25% de um século atrás. O divórcio, quase desconhecido na década de 1950, hoje põe fim a pelo menos um em cada três casamentos, com grandes consequências para as crianças, que crescem em lares com só um dos pais. Até o ano 2021, mais de 40% dos homens e um terço das mulheres estarão vivendo sozinhos.

Nessa mesma época, segundo a Organização Mundial da Saúde, a depressão será a segunda causa mais comum de morte, depois das doenças cardíacas. Depressão, ansiedade e outros males mentais afligem uma proporção cada vez maior da população. Só os antidepressivos estão em terceiro lugar entre as terapias medicamentosas mais vendidas, com mais de US$13 bilhões vendidos a cada ano, e uma taxa de crescimento de 18%. (Dados do IMS Health 2000 World Review.)

Como explicar essas mudanças sísmicas no modo em que vivemos? Será que todos nós desenvolvemos incompatibilidades fundamentais tão bizarras uns com os outros que os relacionamentos têm muito menos chance de sobrevivência? Será que os seres humanos no Ocidente tornaram-se tão desequilibrados em termos farmacológicos, que precisamos ingerir bilhões de dólares em drogas para nos fazer voltar ao normal?

É um paradoxo surpreendente: quanto mais nos concentramos em fazer a nós mesmos felizes, mais infelizes nos tornamos. Mantemos a convicção de que atrair dinheiro, amor e poder é o caminho da felicidade. O consumismo convencional e as crenças sociais sustentam essa ilusão. Mas uma avaliação honesta dos fatos, tanto a relativa ao microcosmo da nossa solidão individual, como a tendência macro do consumo de antidepressivos, revela os mesmos indícios incontestáveis de que o "eu-ismo" nos torna miseráveis. Ou, nas palavras de Shantideva:

Todos nós procuramos a felicidade, mas voltamos as costas para ela.
Todos nós desejamos evitar o sofrimento, mas corremos para reunir suas causas.

Escrevendo para a revista *New Internationalist*, o psiquiatra e escritor Trevor Turner disse: "Atualmente uma maré crescente de narcisismo está se disseminando como uma alga social tóxica... estados como raiva no ar[*], raiva na estrada[**] e dismorfofobia (a convicção de que a sua aparência foge ao padrão); tudo isso reflete o triunfo do desejo individual em lugar de um compromisso com o mundo fora de si mesmo."

A resposta do Budismo ao paradoxo do narcisismo é ao mesmo tempo simples e profunda: o altruísmo é a causa da felicidade duradoura que todos buscamos.

Embora possamos concordar que essa é uma teoria que soa bem, colocá-la em prática é uma história completamente diferente. Como diz o Dalai Lama: "A ignorância e a síndrome do apego ao 'eu' têm estado conosco desde épocas imemoriais, e os instintos de apego, aversão, raiva, ciúme e assim por diante estão muito profundamente enraizados em nosso fluxo mental. Eliminar tudo isso não é tão simples como acender a luz para espantar a escuridão de uma sala."

Felizmente, o Budismo nos oferece recursos criativos, radicais e poderosos para nos ajudar naquilo que provavelmente será a missão de toda uma

---

[*] Em inglês *air rage*, uma expressão geral para o comportamento perturbador e/ou violento tido por passageiros e tripulação de aeronaves, geralmente durante o voo. (N. da T.)
[**] Em inglês *road rage*, violência exibida pelos motoristas no trânsito. (N. da T.)

vida. Assim como a lei de causa e efeito nos mostra que a generosidade serve a nossos próprios interesses egoístas, a nossa compreensão de bodhichitta pode alterar profundamente as nossas atitudes em relação aos outros.

Sendo egoístas de um modo sábio

Faça disso uma prática. Quando algo é feito, não importa
por quem, pergunte a si mesmo: "Qual é a intenção por trás disso?"
Mas comece com você mesmo; examine primeiro você mesmo.

Marcus Aurelius

O que exatamente significa a palavra bodhichitta (pronuncia-se "bodrritchita")? Uma definição precisa é "o desejo de atingir a iluminação pelo bem dos outros". Embora tecnicamente correta, essas dez palavras apenas transmitem uma ideia da motivação subjacente de bodhichitta, que é de profunda compaixão por todos os seres vivos. O Dalai Lama muitas vezes descreve o Budismo em termos simples como "bondade ou amabilidade". Ele está se referindo a bodhichitta, que tanto é uma parte do Caminho para a Iluminação como, ao mesmo tempo, seu objetivo mais abrangente.

Foi quando o Buda sentiu o sofrimento que a doença, a velhice e a morte infligiam às pessoas à sua volta que ele decidiu mudar o seu estilo de vida autocentrado. Com isso veio o reconhecimento de que permanecer atrás dos portões do palácio, sem ter que pensar em ninguém, exceto em si mesmo, não estava trazendo a felicidade que ele buscava.

Para a maioria de nós, retirarmo-nos de nossa vida mundana para nos tornar um monge ou monja não é uma opção atraente. Mas também não precisamos fazer isso. Em vez disso, podemos trabalhar em direção a uma retirada metafórica, substituindo a tendência do Eu de dominar nossos pensamentos, com práticas deliberadas para incluir pensamentos sobre outras pessoas.

Na condição de pessoas ocupadas, é fácil pensar que simplesmente não temos tempo para pensar nas outras pessoas mais do que já fazemos. "Já estou bastante estressado tentando administrar minhas próprias responsabilidades e as de minha família", você pode pensar. "Se eu começar a tirar períodos de tempo do meu horário, por mais nobre que seja a causa, simplesmente não vou conseguir resolver as coisas."

Mas a questão não é tanto de tempo quanto de atitude. Dois sócios, em uma firma de advocacia, podem receber e-mails urgentes às 17h20 exigindo que trabalhem até mais tarde, pela terceira noite consecutiva. Um deles talvez pense: "Esse *@*#!~! desse cliente! Ele está arruinando minha vida pessoal! Quem esse *@*#!~! pensa que é, afinal?! A situação vai mudar quando eu o esmagar com meus honorários! Na verdade, acho que vou acrescentar mais cinco horas extras só pelo inconveniente." Já o outro sócio pode pensar: "Bem, está aí uma grande oportunidade para eu praticar a paciência. Se trabalhar para dar ao meu cliente exatamente o que ele quer, estarei criando a causa direta para mim mesmo, e todos os seres vivos, de atingir a iluminação de maneira rápida e fácil."

O segundo sócio não é necessariamente um santo, ou um louco. Pode muito bem haver um tom irônico nesse pensamento à medida que ele cruza a sua mente. Mas o simples fato de pensar assim, de atribuir algum propósito mais elevado ao seu trabalho, ajuda a aliviar a pressão. Ambos os sócios terão que ficar até mais tarde. Eles não têm escolha a esse respeito. Mas eles *podem* escolher que atitude adotar e a motivação do bodhichitta é muito mais conducente ao alívio do stress do que a mentalidade de "pobre vítima" que aparece com tanta facilidade.

Há um outro benefício importante. Um dos maiores problemas das pessoas ocupadas é que sentimos que muito do que fazemos é, em última análise, inútil. Ambos os sócios provavelmente reconhecem a importância relativamente pouca do trabalho para o qual eles têm que ficar até tarde. Com certeza, o cliente pode estar reclamando e pedindo nesse momento, mas em seis semanas a coisa toda terá sido esquecida, engolida por outros acontecimentos com sua própria e efêmera urgência. Além disso, não há nada de especial acerca da tarefa assumida. Qualquer um, dentre centenas de advogados, poderia fazer um trabalho igualmente bom. Como alguém pode obter disso algum senso especial de realização?

Com a motivação de bodhichitta, *tudo* o que fazemos importa. Não há nada mais abnegado do que desejar ajudar os outros e não há um objetivo mais elevado do que a iluminação. Ao nos lembrarmos do nosso propósito de ajudar todos os outros a alcançar esse estado, nós impregnamos de enorme energia positiva qualquer coisa que fizermos. É por isso que um dos sócios pode sair do escritório às dez da noite, zangado por ter tido uma noite roubada, ao passo que o outro pode ir para casa na mesma hora bem menos estressado, com o conhecimento de que o seu sacrifício não foi em vão. Se esse fosse apenas um acontecimento único, a diferença em seus estados mentais talvez não importasse. Mas no decorrer de meses ou anos, não deveria ser difícil reconhecermos que um desses advogados tem maior probabilidade de ter uma qualidade de vida bem melhor do que o outro. Isso pode finalmente traduzir-se em um estado físico mais saudável, com menores níveis de stress e pressão sanguínea e maior resistência a doenças.

É a essa segunda atitude que o Dalai Lama se refere como "ser egoísta de um modo sábio". Queremos ser felizes, então a melhor coisa que podemos fazer é contribuir para a felicidade dos outros. Essa mudança no modo de pensar não acontece facilmente, do dia para a noite. Mas o Dharma nos fornece inúmeros argumentos para nos ajudar a aceitar o bodhichitta, tanto em nossa mente como em nosso coração. Vamos olhar para eles antes de ver como colocar o bodhichitta em ação.

Reconhecendo os benefícios de bodhichitta

O primeiro argumento é pesar os benefícios do bodhichitta. O problema que a maioria das pessoas tem, quando depara com bodhichitta, é que isso parece totalmente idealista. É muito bonito passar a sua vida pensando nos outros, sentem elas, mas o que vai acontecer é que você será usado como um capacho. As pessoas irão explorar a sua boa natureza. Elas vão tirar o seu sangue. E como isso vai ajudar alguém?

Espero que já esteja claro que o Budismo não incentiva a fraqueza e seu propósito é fortalecer, não criar vítimas. No mínimo, a frase com frequência ouvida "Vou cuidar do que é meu" é testemunha do narcisismo ilusório e debilitante que é a verdadeira causa de tanta infelicidade.

Se olharmos em volta com uma mente aberta, será que consideramos que pensar nos outros seja uma fonte de felicidade, ou é realmente mais eficaz nos concentrarmos em nós mesmos?

Duas irmãs idosas, em minha vizinhança, oferecem um exemplo útil. Ambas são viúvas já faz alguns anos e o serviço Meals on Wheels[*] desempenha um papel importante na vida de cada uma delas. Para Phyllis, de 75 anos, o dinheiro não tem a ver com sua dependência do serviço beneficente, que oferece refeições três vezes por semana. Na verdade, é pela conveniência de não ter que cozinhar uma refeição principal todos os dias; além disso, ela gosta de ver as pessoas que levam a sua refeição. Sendo de idade avançada, ela não sai muito de casa, e como resultado sofre de solidão e depressão. O valor da Meals on Wheels não reside apenas no alimento, mas

---

[*] Literalmente "Refeições sobre Rodas", Meals-on-Wheels é um serviço comunitário, oferecido a pessoas idosas e/ou incapacitadas, que não conseguem fazer uma refeição de modo independente. (N. da T.)

também na interação positiva que esse serviço oferece ao mundo cada vez mais limitado de Phyllis.

Em compensação, a sua irmã mais velha, Daphne, não ficou muito amparada financeiramente em sua velhice, e as três refeições que ela recebe toda semana de Meals on Wheels fazem uma diferença de fato em seu modesto orçamento semanal. Entretanto, apesar de sua situação financeira, Daphne é uma mulher de olhos brilhantes, animada, com uma agenda ocupada e um forte senso de propósito. Longe de se fechar para o mundo, ela se mantém ocupada e estimulada, principalmente por causa do seu trabalho voluntário para a Meals on Wheels. Ela é uma das senhoras que entrega refeições para os lares de diversos bairros residenciais nos arredores da cidade, inclusive o de sua irmã. Ela conhece muita gente, inclusive "todos os coroas", conforme ela descreve seus clientes, bem como a equipe de Meals on Wheels em sua sede. Ela fica a par das últimas notícias no mural comum à equipe de funcionários. Ela é convidada para almoços e festas de Natal. Daphne pode ser mais velha e mais pobre que Phyllis, mas não é preciso passar mais que dois minutos na companhia de cada irmã para decidir quem é mais feliz.

Incluir as outras pessoas em nossos pensamentos contribui para nossa felicidade. Ao pensar apenas em nós mesmos, nos tornamos infelizes. Exemplos como os de Phyllis e Daphne nos mostram isso, mas a nossa própria experiência é mais poderosa ainda. Se olharmos para nossa vida, em busca da época em que nos sentíamos mais infelizes, é interessante lembrar o que pensávamos na época. Ou sobre quem pensávamos.

Eu me lembro com muita clareza de um dos piores momentos da minha vida. Eu vivia sozinho em Londres e a única moça que me interessava tinha um namorado dono de um helicóptero, com o qual era impossível competir. Minha carreira estava numa fase de calmaria por causa da recessão do início da década de 1990. Quanto às minhas ambições de escritor, eu sentia que tinha desperdiçado toda a minha vida adulta em busca de uma ilusão.

O elemento comum em todos esses pensamentos causadores da depressão era, com certeza, o "eu". Bebendo mais do que deveria e tomando tranquilizantes para bloquear a dor, parecia-me que eu só conseguiria ser feliz se o namorado, que voava de helicóptero, um dia mergulhasse no gelado Atlântico Norte, ou se um fantástico emprego aterrasse no meu colo, ou se meu verdadeiro gênio fosse reconhecido por um editor! Até esse momento, a melhor coisa que eu podia fazer era me anestesiar contra a realidade.

Às vezes eu me pergunto qual teria sido minha reação se me dissessem que minha infelicidade era autoinfligida. Mesmo se essa sugestão fosse formulada com muito tato, não creio que eu a teria levado a sério, ou aceitado prontamente. Mesmo que eu pudesse reconhecer que o modo como eu interpretava a realidade era parte do problema, como exatamente eu faria para mudá-la?

Na verdade, as circunstâncias realmente mudaram e minha vida seguiu em frente, mas descobri que as coisas que eu pensava que queria traziam seus próprios desafios inerentes. Apenas posteriormente fui capaz de ver as coisas com algum tipo de perspectiva.

É verdade que podemos pensar em algumas circunstâncias em que a infelicidade não se origina da auto-obsessão. A profunda preocupação de um pai por uma criança diagnosticada com uma doença terrível é um exemplo. Mas isso de maneira nenhuma se opõe ao bodhichitta. Entre os pais que melhor sobrevivem a uma provação tão angustiante estão aqueles que reconhecem o problema do seu filho como parte de um cenário muito mais amplo. Essas pessoas podem se envolver com grupos de apoio e organizações beneficentes ou até mesmo iniciar algo parecido. Elas usam a própria tragédia como um catalisador para ajudar os outros. Em vez de se permitir sentirem-se vítimas de um deus cruel ou um universo indiferente, elas superam o passado com algo positivo.

Cada um de nós precisa fazer sua própria análise, olhando para a vida daqueles à nossa volta, bem como para a nossa própria. Com uma honestidade inabalável, precisamos revisitar nossos próprios momentos mais sombrios e nos perguntar o quanto de nossa infelicidade surgiu por pensarmos demasiadamente em nós mesmos. Será que teríamos nos beneficiado, caso nos tivéssemos envolvido de modo mais positivo com os outros?

Por outro lado, o que dizer dos momentos em que eu experimentei uma profunda e sincera felicidade? Quais eram as minhas preocupações então e será que eu posso recriá-las?

Reconhecer a nossa liberdade de escolher sobre o que e sobre quem pensamos pode não parecer uma grande revelação. Mas dentro dessa simples verdade reside a fonte da felicidade incomensurável, bem como do sofrimento.

Eu versus o Outro

Um outro argumento em favor de bodhichitta é o da equanimidade. Todos nós temos uma tendência inerente de classificar as pessoas à nossa volta de "amigos", "inimigos" e "estranhos". Essa categorização em seguida dita as nossas atitudes e comportamento. Oscar Wilde uma vez declarou maliciosamente que "a moralidade é a atitude que adotamos com aqueles de quem não gostamos pessoalmente". Podemos fazer vista grossa aos defeitos de nossos amigos, mas não mostramos a mesma tolerância quando outras pessoas se comportam do mesmo modo.

O Budismo questiona essa tendência inata, porém ilógica. Só precisamos parar e pensar por dois minutos para ver que a pessoa que nos é hoje muito cara era, no passado, uma estranha para nós, e que hoje podemos não mais suportar algumas pessoas cuja companhia costumávamos apreciar. As categorias de "amigo", "inimigo" e "estranho", assim, não são fixas, mas sujeitas a mudanças repentinas, muitas vezes quando menos esperamos.

Eu particularmente gosto da história de Charlotte Van Beuningen, a heroína de guerra holandesa. Depois que a Alemanha invadiu a Holanda, ela perdeu o contato com seu filho, que havia estado no exército, e com suas filhas. Como se isso não bastasse, ela teve que alojar um grande número de soldados alemães.

Em fevereiro de 1942, um grande campo de concentração foi estabelecido perto de sua casa em Roterdã, para encarcerar qualquer pessoa acusada de resistência. Logo chegaram notícias das condições chocantes, de quase inanição e água contaminada. Lotte não podia deixar de se preocupar com os membros de sua família, pensando que eles poderiam estar trancados nesse campo, condenados a uma miséria e sofrimento inimagináveis.

Sendo uma mulher religiosa, uma manhã, durante suas preces, ela teve a inspiração de fazer a coisa mais extraordinária. Foi procurar o comandante do campo para perguntar se era possível entregar ali pacotes de alimentos. A primeira surpresa foi que ele concordou em vê-la. No encontro, ele disse que não havia necessidade de mais comida e tentou insistir em dizer que ele dirigia um campo de convalescentes. Durante o decorrer dessa mentira elaborada, ele deixou escapar que tinha um filho lutando na Rússia. E foi aí que Lotte agiu: "O seu filho poderia terminar num campo de concentração também e o que você diria se alguém enviasse para ele um pacote extra de comida?" Naquele momento, o comandante ficou frente à realidade de que ele e aquela holandesa estavam numa posição muito parecida. As circunstâncias políticas podiam tê-los colocado em lados opostos, mas eles estavam do mesmo lado quando se tratava do vínculo muito mais forte de pai/mãe e filho. Por esse motivo, a entrega de pacotes de alimentos foi liberada por ele.

Não apenas as classificações de "amigo", "inimigo" e "estranho" parecem ter pouco significado, por serem tão frágeis e sujeitas à mudança. O Budismo nos pede para refletir mais profundamente sobre a distinção entre "Eu" e "Outro". O outro acorda todas as manhãs, assim como nós, com os mesmos desejos de segurança, conforto e realização. O outro deseja a felicidade e quer evitar o sofrimento do mesmo modo que o Eu. Assim como o comandante alemão e a mulher holandesa, os interesses dos dois são sinônimos; é apenas a força das circunstâncias que os faz parecerem diferentes.

Este é um aspecto do Dharma com o qual eu particularmente luto. Eu vejo alguém na rua, faço um julgamento instantâneo e imediato sobre o tipo de pessoa que é e imediatamente estabeleço um senso de Alteridade, seja positivo ou negativo. Eu reconheço essa falha em um nível intelectual, mas o condicionamento não desaparece do dia para a noite, ou mesmo no decorrer de alguns anos.

Mas vagarosamente, começamos a mudar. Pelo menos agora os meus julgamentos instantâneos são às vezes seguidos pelo pensamento de que era apenas um julgamento, que pode não ser verdadeiro. Ao quebrar as falsas barreiras que erigimos entre Eu e o Outro, a consideração pelo bem-estar dos outros não parece um ideal tão impossível de atingir. Quando reconhecemos que temos esperanças compartilhadas, esse nível de equanimidade torna mais fácil o desejo de ajudar. O desejo de conseguir a iluminação pelo bem de todos os seres torna-se uma aspiração mais sincera.

A importância de ser Franco[*]

Trevor e Jane são um jovem casal que sobreviveu a enormes dificuldades financeiras, graças a dois grandes amigos. Dez anos atrás, enquanto eram estudantes de medicina e viviam de bolsas do governo, as suas dívidas estouraram completamente depois de um acidente de carro causado por um jovem que não tinha seguro contra acidentes, deixando para Jane uma conta muito alta no hospital. Tanto Jane como Trevor tiveram que assumir empregos de período parcial, uma situação estressante que ameaçava os seus estudos e o seu relacionamento. Até que Bill, um vizinho aposentado, interveio. Bill havia acabado de herdar as propriedades de um irmão mais velho e rico e estava prestes a partir em uma viagem de volta ao mundo. Sendo solidário com a situação difícil de seus jovens vizinhos, com os quais sempre havia mantido relações cordiais, e tendo muito mais dinheiro do que poderia sonhar, antes de partir ele deu aos jovens uma soma tão generosa que a dívida deles foi quase totalmente paga. Humildes e agradecidos, eles

---

[*] Refere-se à peça de Oscar Wilde, *The importance of being Earnest*. "Earnest" significa sério, ou sincero, e é, também, o nome da personagem principal da peça. (N. da T.)

mal sabiam como agradecer a Bill que, logo depois de ter feito essa doação espontânea, partiu em sua aventura pelo mundo.

Sete anos mais tarde, Trevor e Jane estavam formados em medicina. Logo depois do nascimento do primeiro filho do casal, a equipe médica, da qual Trevor fazia parte, foi processada por tratamento inadequado de um paciente. De repente, Trevor viu-se desempregado e, mais uma vez, contraiu muitas dívidas, sem ter sido o responsável pela situação.

Dessa vez um companheiro de jogo de golfe veio socorrer. Novamente, um homem muito mais velho, que considerava Trevor como um filho que ele nunca teve, Franco ofereceu-se para ajudá-lo a trabalhar de modo independente, uma posição que daria a Trevor uma boa renda, de modo que rapidamente pudesse saldar as suas dívidas.

Extremamente gratos, Jane e Trevor convidaram Franco para jantar em sua casa, e a partir daí reuniam-se socialmente com frequência. Nessa época os dois não sabiam o que fazer para agradecer a Franco e, quando seu segundo filho nasceu, o seu segundo nome foi Franco, em homenagem ao padrinho.

Mas com o passar do tempo, a história deu uma estranha guinada. Bill voltou de sua aventura pelo mundo e descobriu que o advogado, encarregado de cuidar de seus negócios financeiros, havia se apropriado fraudulentamente de todo o seu dinheiro e saído do país sem deixar rastros. Abalado e privado de recursos, Bill logo se encontrou nas ruas.

Jane e Trevor muitas vezes passavam de carro ou a pé por onde ele pedia esmolas, na parte externa de um supermercado e o ignoravam completamente. Embora um ínfimo gesto deles pudesse fazer uma grande diferença para Bill, a reação deles àquele velho homem arruinado, que bamboleava, era, no melhor dos casos, de indiferença e, com mais frequência, de repugnância. Na verdade, ficaram aliviados quando um dia passaram rapidamente, em seu conversível BMW, pelo ponto onde Bill ficava e constataram que a polícia o havia retirado de lá.

Embora eles façam tudo o que podem por Franco, o modo como tratam Bill, que fez exatamente o mesmo por eles, é totalmente oposto. Por quê? Não porque sejam monstros sem coração, ou desmemoriados, ou tenham desenvolvido alguma idiossincrasia psicológica peculiar. O motivo de eles ignorarem Bill é muito mais simples: eles simplesmente não o reconheceram. Encurvado, barbado e falido, ele em nada se parecia com o Bill que anteriormente conheceram. Para o casal, aquele velho do lado de fora do supermercado era apenas mais um mendigo, outro lembrete indesejável e inoportuno das imperfeições dos serviços sociais e da insuficiência da previdência social. Por que deveriam prestar qualquer atenção especial a ele?

Relacionamentos na existência cíclica

Em termos budistas, todos nós somos Trevors e Janes, pelo motivo de que cada um de nós tem enormes dívidas de gratidão a um número inconcebível de seres. Além disso, estamos agora em posição de recompensar a gentileza deles. Mas a nossa atitude geral é de passar direto, sem sequer reconhecê-los, envolvidos demais com nossas próprias preocupações para percebê-los ou dar-lhes nossa atenção.

Com que base o Budismo faz essa alegação surpreendente?

Como diz o Dalai Lama: "No decorrer de bilhões de vidas pelas quais passamos desde tempos imemoriais, conhecemos todos os seres vivos, repetidamente. Sem exceção, cada um deles foi uma mãe para nós. Como podemos ser indiferentes a eles?"

Tempos imemoriais é um desses conceitos que, em nosso estado humano, achamos difícil de compreender. Tentar imaginar uma época em que os dinossauros dominavam o mundo, ou em que todos os continentes estavam unidos, já é bastante difícil, sem viajar ainda mais longe no tempo e espaço até quando nossa galáxia conhecida nem sequer tinha nascido.

Mas a visão budista é que a vida, inteligente ou algo diferente, sempre existiu em uma diversidade de reinos e em muitas outras galáxias; assim, quando falamos de tempos imemoriais não deveríamos pensar apenas nesse reino que habitamos, ou mesmo nesta galáxia, muito menos neste planeta específico.

A corrente mental, a qual normalmente experimentamos como sendo "eu" ou "você", também sempre existiu. Diversas analogias são utilizadas para ilustrar esse ponto. Uma metáfora é que todo o leite que qualquer um de nós mamou de mães sucessivas seria o bastante para encher os oceanos do mundo. Uma outra fala de como todos os ossos dos sucessivos corpos que habitamos se elevariam a uma altura muito maior que o Monte Everest.

A partir disso, logicamente se segue que os relacionamentos que tivemos desde tempos imemoriais são infinitos. Por maior que seja nossa agenda de endereços atual, imagine isso multiplicado por trilhões. Esses trilhões de relacionamentos incluem uma boa proporção que foi muito próxima: pais, amantes, sócios, amigos queridos. E assim como os resultados que experimentamos em nossa vida presente não existem sem uma causa passada, também as nossas experiências com outros seres estão longe de ser fortuitas. A nossa dificuldade é que, sendo Trevors e Janes, nós reagimos com indiferença ou até mesmo aversão em relação a quem, caso soubéssemos a sua identidade, nos sentiríamos profundamente gratos.

Memória e renascimento

Este é um dos argumentos clássicos usados em apoio à prática do bodhichitta: a ideia de que um "estranho" é, na verdade, uma impossibilidade lógica. Dado o nosso condicionamento cultural, muitos ocidentais têm dificuldades com a noção de renascimento, embora esse não seja realmente um salto tão grande. A menos que tenha o ponto de vista de que existe como pura entidade biológica, já aceita que tem o que os budistas chamam de corrente mental. Exatamente quando essa corrente mental começou é uma questão que você provavelmente não poderá responder usando a memória normal. Por exemplo, o seu nascimento é o fato mais indiscutível de sua existência presente, mas você consegue se lembrar dele?

O argumento de que não poderíamos ter vivido antes porque nesse caso nos lembraríamos não resiste a um exame minucioso. Há uma distinção clara entre memória e habilidade de recordar e todos nós nos lembramos muito mais do que somos capazes de evocar em um estado normal de consciência. É precisamente por esse motivo que as forças policiais no mundo todo usam a hipnose para fazer as testemunhas retornarem à cena do crime, de modo que elas possam lembrar de detalhes essenciais, como descrições físicas, placas dos veículos e assim por diante.

A hipnose também foi amplamente utilizada para propósitos de regressão a vidas passadas e representa um campo da ciência da mente que atrai um crescente interesse. Especificamente, alguns psicólogos atribuem a causa de problemas específicos a traumas de vidas passadas, em relação aos quais eles utilizam a hipnoterapia para conseguir sucesso nos resultados.

Como fui treinado em hipnoterapia, tenho conhecimento de primeira mão não apenas de sua eficácia, mas também da experiência de lembrar de detalhes de uma vida anterior. Mais do que qualquer coisa, o que eu levei desse episódio foi a pura impessoalidade dele. Não havia fogos de artifício, ou estrelas cadentes ou revelações de fazer parar o coração. Não fiquei com vertigens à medida que todo um novo reino de existência se abria à minha frente. De fato, a vida que eu lembrei de ter vivido, há trezentos anos, era tão enfadonha que nunca me senti tentado a retornar a ela. Imagino que a maioria das outras pessoas que passam por regressão hipnótica descobre a mesma coisa.

Do lado positivo, há o reconhecimento de que o conceito budista de uma corrente mental submetida ao renascimento torna-se inteiramente plausível depois de uma experiência desse tipo; e com ela, a plena aceitação de que tive muitas e variadas relações com inumeráveis outros seres que me circundam nesta vida também.

Ação, não crença

Pelo fato de o Budismo colocar a ênfase na ação, e não na crença, faz-se importante uma compreensão intelectual dos conceitos, mas, em última análise, a única coisa que conta é o que fazemos. Os sufis têm um maravilhoso ditado que ilustra a futilidade do aprendizado intelectual sem a aplicação prática: "Um asno levando uma carga de livros sagrados continua sendo um asno."

Uma vez que tenhamos pesado os benefícios de pensar nos outros em vez de apenas em nós mesmos; quando tivermos refletido na equanimidade e na divisão artificial entre Eu e Outro; depois de considerarmos a possibilidade de que podemos ter inumeráveis conexões invisíveis com outras pessoas a partir de nossas vidas anteriores, o que fazer então? Como podemos ser sabiamente egoístas em nossa vida diária?

8
COMO ENCONTRAR A FELICIDADE NA VIDA DIÁRIA

No início, na condição de bodhisattvas principiantes, nem sempre somos verdadeiramente altruístas. Se alegássemos tal coisa, estaríamos apenas nos iludindo. Mas às vezes, mesmo que apenas por um tempo muito curto, nós compreendemos o que estamos dizendo. É por isso que bodhichitta é tão infinitamente grande e tão altamente louvado nos sutras Mahayana.

Tenzin Palmo, *Reflections on a Mountain Lake*

Uma entre as muitas coisas de que eu gosto no Budismo é a sua natureza prática. Como uma caixa gigantesca de ferramentas, há conceitos e técnicas que se adaptam a qualquer pessoa, em qualquer situação dada, não importa o quanto esteja ocupada, estressada ou cética. Os benefícios de grandes ideias, como a compaixão, são demonstrados em argumentos bem definidos. E então, a maneira exata de aplicá-los na vida diária também é claramente explicado.

O Dharma fala de "Perfeições", que oferecem diretrizes para colocar bodhichitta em ação. Estas incluem práticas tais como a generosidade, o comportamento ético e a paciência, que dizem respeito, principalmente, a nossa interação com o mundo exterior. Elas também incluem instruções de como progredir em nossa jornada interior. Combinadas, elas oferecem um equilíbrio holístico.

Ao tomarmos conhecimento disso pela primeira vez, talvez tenhamos um senso de *déjà-vu*. Com exceção da ênfase na meditação, qual é a diferença entre as ideias do Budismo acerca da generosidade e ética e os ensinamentos básicos do Cristianismo, do Judaísmo ou do Islamismo?

Nenhuma tradição tem o monopólio sobre a compaixão, mas existe uma diferença entre a perfeição da generosidade conforme descrita pelo Budismo e a generosidade comum. Essa diferença pode ser resumida em duas palavras: motivação do bodhichitta. De uma perspectiva budista, dar um presente para uma pessoa pensando: "Que esse ato de generosidade possa ser uma causa direta para que todos os seres vivos, inclusive eu mesmo, alcancem a iluminação", é uma coisa muito diferente do que simplesmente entregar uma caixa de chocolates, por mais bela que seja a embalagem. A motivação é diferente e os resultados kármicos são incomparáveis.

Como foi explicado no capítulo sobre o karma, a motivação é um dos fatores principais na determinação das consequências de uma causa kármica particular. O assassinato premeditado do próprio marido, com o objetivo de receber o seu seguro de vida, é muito diferente de dar uma ré no 4WD e atingi-lo por acidente, mesmo que o resultado para ele seja o mesmo.

Portanto, igualmente, a motivação do bodhichitta torna um ato de generosidade, ética ou paciência totalmente diferente, mesmo que o resultado para a outra pessoa possa ser o mesmo.

Quando eu ouvi esses ensinamentos pela primeira vez, senti-me desconfortável com a ideia de vincular uma motivação que não era real a algo que eu planejava fazer de qualquer maneira. Tomar um *cappuccino* na minha padaria favorita, para usar apenas um exemplo, tem muito menos a ver com um desejo de que todos os seres sejam iluminados do que com a minha necessidade de uma injeção de cafeína ao acordar pela manhã. Quando eu abria uma lata de comida para gatos, não fazia isso para salvar todos os seres do samsara, mas porque, se eu não fizesse, minha gata birmanesa afundaria seus dentes no meu tornozelo. Parecia algo artificial, quase falso, persistir numa motivação que na verdade não era apropriada.

Mas lembrar dessa motivação durante o dia inteiro é uma psicologia eficaz.

É quase certo que vai parecer artificial no início, mas muito rapidamente certas ações ou ocasiões tornam-se um gatilho para o novo hábito e nos vemos pensando sobre a iluminação de todos os seres não apenas quando estamos meditando, ou lendo um livro sobre o Dharma, mas em outras ocasiões durante o dia. Se mantivermos isso por algum tempo, os pensamentos sobre o bodhichitta se tornarão uma parte contínua do nosso fluxo mental, de maneira que começaremos a procurar ativamente oportunidades para a generosidade, a paciência e o comportamento ético. Com o tempo, aquilo que parecia forçado se torna um desejo sincero, que influencia as ações de mente, corpo e fala; a motivação de bodhichitta se torna uma profecia que alimenta a si mesma.

A perfeição da generosidade

O ato de dar é a maneira mais básica que temos de mostrar nosso interesse pelos outros. Todos nós conhecemos o clichê de que é melhor dar do que receber. Mas por que consideramos tão difícil dar?

Medo de que não teremos o suficiente para nós mesmos, se dermos coisas demais, pode ser parte da resposta, mas apenas uma pequena parte. Essa é mais uma questão sobre o nosso estado mental do que sobre o nosso nível de riqueza. Minha esposa tem uma natureza bem mais generosa do que eu; a diferença é que ela percebe a necessidade das pessoas e é mais espontânea em sua resposta do que eu. Não faz muito tempo que fomos às compras. Enquanto passávamos por um supermercado, eu estava tão imerso em meus próprios pensamentos que nem percebi um homem idoso esforçando-se para levantar seu carrinho até a calçada, até que Janmarie começou a ajudá-lo. Não era falta de disposição para ajudar de minha parte. Eu apenas não percebi a necessidade.

Na condição de pessoas ocupadas, com vidas exigentes, é fácil ficarmos tão preocupados com nossos próprios assuntos que não tomamos conhecimento das dificuldades dos outros. Mais uma vez a atenção plena é ressaltada como prática fundamental.

Mesmo quando estamos cientes das necessidades dos outros, podemos ainda assim nos conter, talvez porque simplesmente não temos o hábito de dar. O Budismo é muito pragmático em seu enfoque sobre a generosidade, sugerindo que comecemos com pequenos atos e façamos progressos a partir daí. Uma mulher que estava sofrendo de depressão durante meses disse que a sua recuperação começou quando, um dia, ela se encontrava numa mercearia. A operadora da caixa fez um comentário invejoso sobre um saco de chocolates soltos, que a mulher tinha acabado de comprar. Então esta lhe deu alguns, naquele momento mesmo. A reação da operadora a esse presente espontâneo lhe causou uma sensação de tamanho bem-estar que ela se sentiu bem pelo resto do dia. Pela primeira vez em meses ela se sentia bem consigo mesma.

Há coisas boas e coisas más em todos nós. O que descobrimos quando praticamos a generosidade, mesmo em pequena escala, é que ela fortalece o lado bom de nossa natureza, e reforça a probabilidade de agirmos de modo altruísta novamente. É nesse altruísmo que reside nossa verdadeira realização.

Christina Noble levou uma vida notável. Nascida e criada em Dublin, era uma entre oito filhos de uma mulher doente, que morreu quando ela tinha 10 anos e de um pai alcoólico que vendia as roupas de seus filhos para conseguir bebida. Ela sobreviveu à violência, ao abuso sexual, à gravidez e ao fato de ter seu bebê tirado dela, tudo isso antes dos 20 anos.

Tendo experimentado sofrimento e perdas além da experiência da maioria de nós, Tina encontrou sua salvação ao estabelecer um orfanato no Vietnã. Na condição de ocidental de meia-idade, sem dinheiro, instrução ou contatos poderosos, em uma visita ao Vietnã a visão, e o fedor, da pobreza lembrou-lhe tanto a sua própria infância que isso a levou a fazer algo para ajudar. Um dia, passando por crianças que mendigavam na rua, ela se sentiu estupefata quando uma garotinha em trapos parou à sua frente e lhe estendeu os braços, não para pedir dinheiro, mas um abraço.

O orfanato que ela fundou hoje acomoda quinhentas crianças que ficam temporariamente e oitenta residentes permanentes. No início vista com suspeita pelos burocratas vietnamitas, ela agora é bem-vista pela polícia e pelos funcionários locais, que não podem deixar de reconhecer o valor do seu trabalho.

Quanto à própria Tina, ela atualmente sente uma tremenda felicidade por estar viva. Ela respondeu às experiências horrendas de sua infância com uma compaixão que é realmente inspiradora. "Tem vezes que eu estou caminhando pela rua e uma de minhas alegres crianças grita a distância me chamando e eu fico tão feliz que dou risada e pulo de alegria", disse ela. O título de sua autobiografia é significativo: *Bridge Across my Sorrows* (Uma Ponte Sobre as Minhas Aflições). Para Tina, a recuperação do sofrimento de sua infância veio não por meio do amor de um parceiro romântico ou a independência de uma mulher de carreira, mas pela prática de generosidade do tipo mais sincero.

Essa é uma verdade simples, mas poderosa, que se quisermos sentir felicidade temos que dá-la primeiro. A generosidade é o antídoto direto da infelicidade. Se estivermos ocupados demais para praticar a generosidade, então estaremos ocupados demais para sermos felizes... e qual é o sentido disso?

Dar chocolates para operadoras de caixa e ajudar homens idosos com carrinhos de supermercado pode parece trivial em comparação com a história de Tina Noble. Mas se é esse o tecido de nossa vida diária, é com isso que devemos trabalhar. O que é essencial ressaltar é que não são apenas as ações que realizamos, mas também as motivações que dirigem nosso comportamento que são importantes.

O Budismo nos diz que, se refletirmos no bem-estar de todos os seres sem exceção, então até mesmo pequenos atos de generosidade assumem uma importância muito maior. Ao colocar sementes para pássaros no jardim, se pensarmos: "Por esse ato de generosidade, que eu e todos os seres sencientes possam nunca passar fome e que possamos todos atingir a iluminação", teremos ampliado a base de nossa motivação muito além da alimentação de apenas uns poucos pássaros. E teremos também lembrado a nós mesmos do propósito mais elevado de nossa vida. Ao fazer isso, até mesmo pequenos atos de gentileza têm um impacto em nosso fluxo mental, muito maior do que podemos imaginar. Mais e mais, todos os dias, ajudamos a reorientar nossa mente, do Eu para o Outro, e a estabelecer uma nova prioridade em nossa vida, passando das preocupações com o momento para uma visão mais panorâmica.

Conforme dás, assim recebes

Além dos benefícios intrínsecos no presente de viver com compaixão, a lei do karma nos diz que também desfrutaremos de benefícios muito reais no futuro.

> *Até mesmo para seres de mente tosca, com compaixão inferior,*
> *Atentos a seus próprios interesses,*
> *Recursos desejados surgem do ato de dar,*
> *Causando a pacificação do sofrimento.*
>
> Chandrakirti, *Engaging in the Middle Way*

Praticar a generosidade com coisas materiais é uma causa para que tenhamos riqueza no futuro, mesmo se o fizermos apenas por esse motivo (isto é, "compaixão inferior"). Não existem efeitos sem causas; ao dar, criamos as causas para nosso próprio bem-estar material e, inversamente, ao não praticar a generosidade, estaremos nos condenando a um futuro de pobreza, seja nesta vida ou na próxima.

Para os ocidentais, céticos em relação à ideia de vidas futuras, essa linha de raciocínio pode não ser muito convincente. Mas podemos ter absoluta certeza de que não teremos uma vida depois desta? A maioria de nós nem sonharia em dirigir sem ter um seguro de carro, mesmo que um acidente seja apenas uma possibilidade. Sabendo que a morte é uma certeza, será que um pequeno "planejamento financeiro" pós-morte não viria a calhar?

A doação de coisas materiais é apenas um tipo de generosidade. O Budismo também fala sobre doar o Dharma. Como explica o Geshe Loden: "O melhor presente que você pode dar aos outros é o presente do Dharma, pois você estará lhes dando os conceitos que lhes tornarão capazes de obter uma forma duradoura de felicidade...."

Como nos iniciamos nessa maneira de dar, se nós mesmos estamos indecisos acerca do Dharma? De modo bem simples: conhecendo melhor o Dharma. Todas as vezes que lermos um livro sobre o Dharma, meditarmos ou pensarmos sobre os ensinamentos do Buda, estaremos criando mérito ilimitado e nos equipando melhor para dar o Dharma no futuro.

Podemos também dar proteção, que significa ajudar os outros a sair de situações perigosas. Tirar uma formiga de sua bola de golfe antes de dar uma tacada pode parecer trivial, mas é uma questão de vida e morte para a formiga, e quando executado com a motivação do bodhichitta, esse simples ato cria um mérito ilimitado.

Uma vez ouvi uma história sobre uma mulher que estava salvando estrelas-do-mar encalhadas na praia. Uma grande quantidade delas havia sido levada à praia pelas ondas e enquanto fazia a sua caminhada matinal regular, ela se inclinava, pegava uma e a jogava de volta ao oceano.

"O que adianta?", perguntavam outros caminhantes, arrasados pela enormidade do problema. "Você só pode salvar um punhado delas."

"Sim", concordou ela. "Mas para o punhado delas que eu salvo, isso é realmente importante."

Nenhum de nós pode resolver todos os problemas do mundo, mas isso não deveria nos fazer desistir de fazer o possível para ajudar. O incrível paradoxo de desenvolver compaixão e praticar generosidade é a experiência de quanta felicidade criamos para nós mesmos.

A perfeição da ética

No primeiro dia do seu safári cinco estrelas na África, você e seus amigos estão a ponto de saborear um banquete no mato. É hora do almoço em um agradável afloramento de granito. Vocês montaram tudo no local perfeito: móveis de bambu, toalhas brancas e uma vista espetacular. Tudo parece perfeito, até que há um tropel e um veado repentinamente aparece pulando na vegetação rasteira. Ao perceber o grupo, ele imediatamente muda de direção e desaparece no meio da vegetação.

Vocês ficam um pouco perplexos, mas não excessivamente. Já tiveram contato direto com animais muito mais perigosos esta manhã e já estão ficando bastante experientes em jogar conforme as regras africanas.

Mas meio minuto depois que o veado desapareceu, ouvem um novo tropel no meio da mata; o ruído vai aumentando e, dessa vez é um guarda-caça que aparece, seguido de um caçador americano, de faces rosadas, sem fôlego, apontando o rifle.

"Para onde ele foi?", gritaram eles.

Uma simples pergunta, mas responder não é tão simples. E se você for um budista, isso poderia apresentar um dilema ético significativo. Você vai criar um mau karma, mentindo? Ou você diz a verdade e participa do provável abate de um ser senciente?

Essa não é uma charada ética de minha parte, mas do Buda, que ele usa para ilustrar o fato de que questões éticas, muitas vezes, estão longe de ser simples. Isso não nos isenta de tentar praticar a ética, mas implica no reconhecimento de que as listas de "pode" e "não pode" nem sempre são perfeitamente seguras e que há um fator mais importante que deveria sempre ser considerado.

O Budismo nos incentiva a levar a ética a sério. Embora a prática da primeira perfeição da generosidade possa ser transformadora, se a generosidade for combinada com uma ética enganosa é improvável que o resultado final nos faça felizes. As primeiras duas perfeições estão tão intimamente relacionadas que às vezes são comparadas às duas asas de um pássaro: ambas são necessárias para que ele consiga decolar.

Como o Buda sugeriu, não há nada de simples sobre a ética, mesmo quando tentamos fazer a coisa certa. No mundo dos negócios, noções como responsabilidade corporativa, relatório triplo de margem de lucro, responsabilidade final e transparência, sugerem que estamos passando para uma época mais ética. Mas o colapso de empresas globais de contabilidade, empresas de petróleo e empresas de tecnologia da informação nos lembra como é fácil transigir os padrões éticos. Podemos gostar de dizer a nós mesmos que fazemos a coisa certa, mas às vezes só quando temos um espelho à nossa frente é que enfrentamos a desagradável verdade.

Dois profissionais do departamento de criação de uma agência de publicidade, em Londres, estavam voltando do almoço um dia quando notaram um vendedor especialmente loquaz de The Big Issue, uma revista vendida pelos sem-teto para se sustentarem. Atravessando a rua para evitá-lo, assim que eles voltaram para as suas mesas de trabalho, foi-lhes dito que a agência tinha acabado de receber a incumbência de preparar uma peça publicitária para uma instituição beneficente para os sem-teto; a tarefa deles era criar um conceito poderoso para persuadir o público a dar apoio financeiro aos vendedores de The Big Issue.

A ironia de sua situação não foi desperdiçada. Eles decidiram usá-la em um anúncio impresso que mostrava uma rua em que a calçada esquerda estava repleta de pedestres e a calçada do lado direito estava deserta, ocupada apenas por um vendedor do The Big Issue. A legenda embaixo dizia: "Você vai escolher direito o seu lado?"

Mesmo se quisermos fazer a coisa certa, podemos temer que, ao aderir a uma ética elevada, nós nos colocaremos em uma situação fraca. Se trabalharmos numa empresa em que todo mundo "exagera", o que acontecerá se *nós* não fizermos isso? Se revelarmos toda fonte de renda ao imposto de renda, como isso poderá nos beneficiar no final do ano financeiro? A recompensa kármica em nossa próxima vida pode ser maravilhosa, mas quem vai pagar as mensalidades da escola este ano?

Como acontece com a generosidade, o Budismo nos incentiva a analisar a ética das perspectivas das desvantagens de não praticar bem como das vantagens de praticar. Para citar o Geshe Loden: "O Buda disse que desejar a liberação, mas criar a não virtude é como um homem cego olhando num espelho: um exercício inútil." Assim como uma deficiência visual impede um homem de ver qualquer coisa em um sentido literal, uma deficiência ética impedirá que vejamos a verdade em nossa prática do Dharma. Podemos passar o tempo que quisermos em meditação silenciosa, mas se também nos envolvemos em atividades fraudulentas, não vai adiantar muito.

A felicidade que deriva da ética não tem a ver apenas com gratificação adiada. As pessoas que são verdadeiramente éticas, ao contrário dos meramente santarrões, são com frequência as mais agradáveis de se ter por perto. Elas são abertas, e não reservadas, porque não têm que esconder nada. Elas são relaxadas, livres da preocupação de que ações passadas possam voltar para assombrá-las. Portanto, a felicidade que vem da boa ética não se situa inteiramente no futuro, mas existe também aqui e agora.

A prática da ética é um tema vasto dentro do Budismo e inclui dezoito votos de bodhichitta principais e 46 secundários, começando com a injunção mais universalmente transgredida contra elogiar a si mesmo e denegrir os outros. Entretanto, nem mesmo essa estrutura fornece todas as respostas para as questões éticas perturbadoras subjacentes às manchetes contemporâneas sobre refugiados por motivos econômicos, a pesquisa de células-tronco, o descarte do lixo nuclear, para não falar das antigas controvérsias sobre o aborto e a eutanásia.

Não obstante, o Buda ofereceu um princípio útil que ele ilustrou com seus caçadores e a história do veado. Em tais circunstâncias, disse ele, a escolha ética correta era enganar os caçadores a respeito do paradeiro do veado, para salvar a vida deste. O que realmente conta, disse ele, é a motivação. A motivação de salvar a vida de um ser senciente é mais importante do que a motivação de manter um voto de veracidade, o qual, nessas circunstâncias, teria sido uma realização sem sentido.

Em face de dilemas éticos, esse é um bom teste definitivo. Qual é a minha verdadeira motivação? Estou realmente preocupado com os interesses da outra pessoa/ser, ou estou fazendo isso em benefício próprio? E se todas as pessoas no mundo tivessem que fazer a mesma escolha que estou considerando, isso tornaria este planeta melhor ou mais feliz?

É também útil lembrar a essência dos ensinamentos do Buda: "Evite a maldade, cultive a bondade, subjugue a sua mente." Mesmo se enfrentarmos uma situação na qual somos incapazes de agir de modo positivo, a prevenção da dor, do medo e da infelicidade é um resultado que deveríamos valorizar.

No que diz respeito a mim, quando enfrento escolhas difíceis, seja sobre ética ou outras questões, costumo achar proveitoso imaginar o Dalai Lama tendo que fazer a mesma escolha e pergunto a mim mesmo: "O que ele faria nesta situação?"

A perfeição da paciência

Não há pecado como o ódio,
E não há tolerância como a paciência.
Assim, medite sobre a paciência
Intensamente, com vários métodos.

Shantideva, *Engaging in the Bodhisattva Deeds**

Anteriormente consideramos três principais obstáculos à felicidade: o apego, a raiva e a ignorância. Dos três, a raiva, ou ódio, é o mais poderoso. Seus efeitos destrutivos são considerados maiores do que de qualquer outro erro.

A paciência é o oponente direto da raiva, razão pela qual os budistas dão tanto valor a ela. Na condição de pessoas ocupadas, a maioria de nós enfrenta muitas situações nas quais temos de praticar a paciência, mas como somos orientados por metas, nós as consideramos apenas como obstáculos em nosso caminho, em vez de oportunidades. E é uma das grandes ironias de nossa cultura que a paciência seja considerada, muitas vezes, um tipo de fraqueza. Podemos admirar as pessoas por serem generosas, ou eticamente orientadas, ou perseverantes para alcançar seus objetivos, mas o quanto nós admiramos as pessoas por sua extrema paciência?

Dar uma bronca num gerente de loja, deixar um jovem grosseiro responder como bem entende, são ações consideradas inteiramente aceitáveis, em algumas circunstâncias admiráveis, em nossa sociedade.

O Budismo não defende que toleremos um atendimento descuidado ao cliente ou relacionamentos abusivos. Mas como a história do veado e do

---

* "Dedicando-se às Ações do Bodhisattva". (N.T.)

caçador, o que está em questão é a motivação. Se formos perfeitamente honestos, vamos admitir que quando repreendemos o gerente da loja, não estamos realmente interessados em melhorar o serviço da loja, embora possamos usar isso como uma desculpa de quem se acha dono da verdade. Estamos deixando-o constrangido pelo inconveniente que ele nos causou. Fazendo-o se contorcer pelo sofrimento que criou. O mesmo ocorre em relação ao adolescente mal-humorado cuja opção musical consideramos tão intolerável.

O grande problema com a raiva é que uma vez que ela nos domina, não estamos mais no controle. Não temos ideia do que vai acontecer a seguir. Levados pela maré da emoção, é bem possível que falemos ou façamos algo que nos causará arrependimento durante as semanas ou anos seguintes. Os jornais estão repletos de histórias desse tipo.

Quando cedemos à raiva, o Budismo diz que nos tornamos seu escravo. Não podemos ajudar a nós mesmos, porque a raiva está no controle. Longe de a raiva ser um sinal de força, na verdade estamos admitindo a derrota sobre o controle de nossa própria mente e também estamos criando karma do tipo mais catastrófico. Nessas circunstâncias, qual é a posição mais forte e mais admirável: ceder a emoções em estado bruto ou aperfeiçoar a paciência e recusar a permitir que a própria mente seja dominada?

Uma professora amiga minha uma vez me falou a respeito de um menino de 11 anos que era um dos garotos mais indisciplinados com o qual ela teve que lidar. Ele constituiu um problema desde seu primeiro dia na sala de aula; parecia totalmente fora de controle, e tudo o que ela conseguia fazer era não explodir de raiva frente à insolência dele. Certa ocasião durante o semestre, o pai do menino visitou a escola e esclareceu as circunstâncias da família. Ele era um pai solteiro e criava, sozinho, muitas crianças. Sua esposa não apenas estava afastada da família, mas era tão violenta que ele teve que entrar com uma ação cautelar de restrição para mantê-la longe da casa e das crianças. Não obstante, ela costumava entrar à força na casa e destruir o lugar de tal modo que quando eles voltavam ao anoitecer, a casa se encontrava num absoluto caos.

O filho que era tão problemático na sala de aula de minha amiga estava constrangido e perturbado por tudo isso. Não só ele nunca podia convidar amigos para brincar em sua casa, como nem mesmo queria que soubessem onde morava. Quando lhe davam carona, sempre pedia para ser deixado vários quarteirões antes – por causa do temor de que sua mãe tivesse feito uma visita.

Depois de ter ouvido essa história angustiante, minha amiga me contou como seu coração se abriu para a criança. "A visita do pai foi mantida confidencial, é claro, e eu nunca disse nada diretamente para ele. Mas acho que minha atitude deve ter mudado. Eu provavelmente fiquei mais paciente de um modo sutil. E, sem brincadeira, ele nunca mais deu problemas na minha classe novamente."

Às vezes, uma pequena mudança na nossa atitude é tudo de que precisamos para mudar relacionamentos que nos causam stress. Pode ser difícil fazer concessões quando se trata de uma pessoa que vemos como agressiva e irracional, mas assim como minha amiga pôde perceber, até mesmo uma mudança não expressa em palavras pode ser o catalisador para uma transformação maior.

Estar atento à impaciência

Depois de reconhecer os benefícios da paciência, tanto em relação a nós mesmos quanto aos outros, como começar a cultivá-la? A prática diária da meditação não é um mau começo. Fora os seus muitos outros benefícios, a meditação é uma maneira de as pessoas ocupadas zerar o "estressômetro" da mente. Ao reduzir nosso nível de agitação, automaticamente usufruímos maior equanimidade e tolerância. É só pensar em como ficamos despreocupados durante os primeiros três dias depois de retornar de férias maravilhosas e relaxantes. Porém, não é preciso que esse seja um evento anual. Tornando a meditação uma parte diária de nossa vida, podemos desfrutar de níveis bem maiores de relaxamento durante o ano inteiro.

Mesmo com uma perspectiva de maior relaxamento, é provável a ocorrência de situações que tendam a nos incomodar. O tráfego. Um trabalho ou uma situação doméstica específica. Momentos do dia, da semana ou do mês. Tendo identificado esses contextos, precisamos prestar uma atenção adicional a eles, como se estivéssemos entrando numa zona de perigo. Por meio da atenção plena, as luzinhas do perigo deveriam piscar quando entramos no carro para enfrentar o tráfego, durante a hora do *rush*, para ir a uma reunião importante. E à medida que sentimos as pontadas de impaciência, deveríamos lembrar da realidade da raiva: de onde ela está vindo? Queremos realmente nos colocar num estado de mau humor? Desejamos que esse ciclo se perpetue ou estamos prontos para combater esse hábito?

E tendo lembrado essas coisas, é a vez do momento da coroação, a perfeição da paciência. À medida que começam a acontecer as coisas que geralmente nos deixariam malucos, pensamos: "Para o bem de todos os seres, que eu rapidamente atinja o estado de iluminação, praticando a paciência aqui e agora."

Tendo feito essa dedicação, reflita nas vantagens de aperfeiçoar a paciência. Não apenas nos benefícios do momento, de reter uma serenidade interior, de fazer melhores julgamentos e de mostrar um estado mental pacífico, que agrade as outras pessoas. Há importantes benefícios kármicos também. O Budismo nos diz que a paciência é a causa de lazer e fortuna. É também a causa para que os outros nos considerem uma companhia atraente.

Até mesmo as circunstâncias mais desesperadas, que consideramos que só podem ser causa de profundo sofrimento, podem, por meio da perfeição da paciência, ser transformadas em algo útil e positivo. Terry Waite que o diga. Raptado pelos guerrilheiros do Hezbollah, e trancado em uma série de porões em Beirute por 1.763 dias, onde ele foi submetido a torturas físicas e mentais, sofreu uma experiência à qual a maioria de nós julga impossível sobreviver. No entanto, a respeito desse período ele fez a seguinte observação: "Foi muito valioso. Adoto o ponto de vista de que a vida é cheia de altos e baixos, mas o trauma não precisa ser totalmente negativo. Depende de você. Você pode mudar de atitude e usá-lo construtivamente e eu creio que fiz isso."

Não precisamos do drama de um sequestro para perceber a verdade disso. Pouco a pouco, trabalhamos em nosso fluxo mental para erradicar hábitos prejudiciais e criar outros novos. A transformação pessoal é o objetivo de uma vida, não algo que podemos esperar conseguir em uma semana. Mas usando a motivação do bodhichitta, estamos empregando a mais poderosa psicologia disponível e não deveríamos subestimar seu poder de mudar a nossa vida para melhor, às vezes em um tempo surpreendentemente curto.

Técnica de meditação número 3: Ajudando a nós mesmos e aos outros
O exercício de meditação seguinte, baseado em uma prática chamada "Tong len", é um modo excepcional de transformar nossa atitude comum e autocentrada em uma atitude de compaixão pelos outros. Como a maioria das técnicas de meditação, entender o que fazer é a parte fácil. Praticar com a convicção sincera e uma boa concentração é nosso real desafio.

◇ Adote a postura de meditação dos sete pontos. Pratique a meditação de contar a respiração por cinco minutos para ajudar a acalmar a mente.
◇ Lembre-se da motivação de bodhichitta. Pense: "Ao meditar assim, que eu possa afastar toda a negatividade, depressão e sofrimento que sinto, bem como a negatividade, depressão e sofrimento sentidos por todos os seres vivos. Que todos os seres sejam felizes, realizados e rapidamente atinjam a iluminação."

◊ Agora visualize que com cada expiração você se livra do seu sofrimento atual e futuro na forma de uma fumaça escura, que você exala. Em cada inspiração, visualize uma luz branca e brilhante que entra pelas suas narinas e flui pela sua garganta até o peito, preenchendo todo o seu ser. A luz branca expulsa a fumaça escura, substituindo-a por energia positiva. Cada inspiração fortalece a sua sensação de bem-aventurança e com cada expiração o domínio da negatividade diminui cada vez mais. Imagine que essa luz branca tem o mesmo efeito que um poderoso antidepressivo, exceto pelo fato de ser instantânea e completamente natural.
◊ Repita esse processo, até sentir que exalou todo o seu sofrimento atual e futuro e o substituiu por uma luz radiante e luminosa.
◊ Tendo lidado com o seu próprio sofrimento, pense sobre as pessoas próximas a você. Pais, família, bons amigos. Visualize-os à sua frente, um por um, ou em grupos que façam sentido para você, e pense: "Eu agora vou desfazer qualquer insatisfação ou infelicidade que você está sentindo agora ou sentirá no futuro."
◊ À medida que você mantém a pessoa ou grupo à sua frente no seu olho mental, continue exalando uma fumaça escura, mas imagine que você está se livrando do sofrimento dela ou dele. E enquanto você inspira uma energia branca e positiva, imagine que ela os está preenchendo de felicidade, vibração, bem-aventurança.
◊ Uma vez tendo expirado todo o sofrimento de um grupo e o preenchido de felicidade, expanda o grupo para incluir outros e continue o processo. Depois dos amigos, inclua os estranhos. Depois dos estranhos, pessoas com quem você tem dificuldade de se relacionar. Sim, isso é um desafio! Mas ao imaginar que as pessoas, que você normalmente considera como causas dos seus problemas, estão sendo purificadas de dificuldades e problemas mentais, você começa a perceber que pode julgá-las com um maior grau de equanimidade. Depois das pessoas difíceis, inclua todos os seres vivos, não apenas os seres humanos.
◊ Continue a meditação por um período específico de tempo, digamos dez ou quinze minutos, depois do qual pense: "Eu agora dedico qualquer energia positiva criada por meio desta meditação ao benefício de todos os seres. Que todos nós possamos de modo rápido e fácil atingir a felicidade maravilhosa da iluminação."

Tong len, a prática de meditação na qual esta é baseada, é um recurso extremamente poderoso para a transformação mental. Como diz Geshe Loden: "Praticar essa meditação irá eliminar o veneno da autoapreciação e encher a sua mente com o néctar da apreciação dos outros. Você acumula mérito ilimitado e rapidamente purifica o karma negativo. Os obstáculos são superados e você desenvolve sua compreensão de bodhichitta."

Vivendo com bodhichitta

A primeira vez que eu aprendi sobre bodhichitta com Les, na Sociedade Budista Tibetana, tive sentimentos antagônicos a respeito da prática. Embora parecesse fundamentada em princípios psicológicos efetivos, eu não podia ignorar minhas próprias restrições: será que era uma ideia tão boa tentar lembrar de bodhichitta de vez em quando, quando eu deveria estar me concentrando em outras coisas? Será que eu realmente me lembraria de bodhichitta sem me sentir uma fraude? A prática realmente funciona?

Nessa época, Janmarie e eu vivíamos, já há algum tempo, em Perth. Eu estava ficando mais acostumado com o estilo de vida tranquilo e o clima maravilhoso. Bandos de periquitos multicoloridos e seu ruidoso alarido em meio às florescências escarlate de calistemos não eram mais uma novidade fascinante. Caminhar pela vastidão da areia branca na praia de Cottesloe, enquanto o sol mergulhava sob o Oceano Índico, havia se tornado uma parte normal de nossa vida.

Durante a semana, eu conseguia trabalhar de uma maneira que, no passado, só existia em minhas fantasias. Quando escrevia em meu estúdio-biblioteca, ou lia um rascunho na varanda, sob uma luz solar esbatida, eu me sentia realizando a ambição almejada desde os 18 anos de idade: estava agora vivendo o meu sonho.

Muito pouco tempo antes, em Londres, a mera ideia de um estilo de vida assim teria parecido impossível de realizar. Na minha área de relações públicas, parecia não haver escapatória do trabalho árduo ao qual eu me sentia condenado pelo restante da minha vida profissional. Imaginar um espaço de tempo de vinte segundos para atravessar o corredor e chegar na sala de trabalho, ou um telefone que não toca constantemente, de modo estridente, com novas exigências e prazos do outro lado da linha, ou uma liberdade de viver nos mundos imaginários que eu adorava criar, tudo isso teria parecido apenas um sonho há algum tempo.

Mas agora que todas as minhas esperanças haviam sido realizadas, eu me sentia feliz?

É claro que não! Eu rapidamente descobri que ser um romancista em período integral, numa região climática do Mediterrâneo, não é isso tudo que parece ser!

Para começar, se você for um animal social, se estiver acostumado a uma vida ocupada e a lidar com dezenas de assuntos por dia, quando se dá conta de que as suas múltiplas tarefas se reduzem drasticamente a um único imperativo de escrever 1.500 palavras por dia, acaba sentindo que isso é como bater o carro num muro de pedra, estando a 160 quilômetros por hora.

A seguir, existe a falta de uma rede de contatos. Eu costumava realizar trabalhos para clientes quase diariamente, seja redigindo informação para a mídia ou entregando um importante plano estratégico de comunicação. O resultado era um contínuo retorno, pequenas vitórias, um senso de progresso. Mas o trabalho de escrever um romance quase não oferece interação com seus pares, até que o projeto inteiro esteja pronto, muitos meses depois. Não há ninguém por perto para dar apoio profissional, transmitir confiança ou encorajamento.

Mais uma vez eu estava descobrindo a verdade embaraçosa de que, mesmo quando obtemos o que desejamos, percebemos que isso não nos traz toda a felicidade que esperávamos. Dessa vez, entretanto, eu tinha a vantagem das minhas aulas de dharma; minhas visitas semanais à Sociedade Budista Tibetana eram uma fonte de enorme apoio. Eu as considerava na época, e ainda hoje, como psicoterapia grátis. De fato, o Lama Yeshe uma vez escreveu um livro chamado *Becoming Your Own Therapist* e ainda estou para encontrar um problema na vida para o qual o Budismo seja incapaz de fornecer revelações práticas e úteis.

Eu também descobri que a prática de bodhichitta, em suas incontáveis formas, não apenas é possível, mas pode se tornar habitual muito rapidamente. Ao associar as motivações de bodhichitta com alguns hábitos diários básicos, como fazer chá, ir ao banheiro, colocar sementes para os pássaros, ir à academia, eu me vejo lembrando do Dharma frequentemente durante o dia. Muitas vezes descubro que o mero lembrete de uma perspectiva maior é suficiente para emergir da emoção do momento.

Eu também descobri uma verdadeira alegria, sabendo que, quando faço coisas com uma motivação mais iluminada, crio enormes benefícios, além da tarefa imediata do momento. Sim, eu talvez tenha agora uma caneca de chá que não tinha um minuto antes, mas também criei uma causa direta para todos os seres, inclusive eu mesmo, se tornarem iluminados. Fiz isso condicionando meu fluxo mental. Tudo bem, um simples pensamento pode não ser grande coisa. Mas, como citado anteriormente, o Buda disse: "O pensamento se manifesta como a palavra; a palavra se manifesta como o ato... assim como a sombra segue o corpo, o que pensamos, nos tornaremos."

Cada pensamento conta.

Também descobri que é verdade que, ao afastar a preocupação de mim mesmo e do meu próprio mundo minúsculo, o resultado é um nível de felicidade diário mais elevado. Isso não é uma dose rápida de droga, não produz uma súbita animação emocional. Mas eu percebi um maior sentido de paz interior e contentamento.

Coisas que sempre me irritaram continuam a me irritar. Mas talvez menos intensamente agora, e por períodos mais curtos de tempo. E quando eu estou me sentindo frustrado, como hoje de manhã, quando meu computador não funcionou, mesmo enquanto eu o estava amaldiçoando, não pude evitar sentir a insensatez de minha reação. Isso é samsara: o que eu esperava? Esse é meu próprio karma voltando para me assombrar. Será que eu quero perpetuar o ciclo?

Redescobrindo a Cidade de Nova York

Mesmo enquanto começava a dar meus primeiros passos vacilantes na prática de bodhichitta, eu ignorava que um karma muito maior estava a ponto de amadurecer. A publicação em brochura do meu primeiro romance, *Conflict of Interest*, no início de 2001, me fez sentir, pela primeira vez, um real impulso em minha carreira de escritor. Meus editores lançaram uma campanha de pôsteres no metrô de Londres que, combinada com boas promoções, fez com que exemplares do livro saíssem rapidamente das prateleiras. O plano de longo prazo de publicação parecia estar em andamento. *Pure Deception* foi lançado simultaneamente em capa dura. Mas, o melhor de tudo, meu terceiro romance, *Expiry Date*, com o qual eu estava especialmente animado, havia sido recebido com muito entusiasmo, não apenas pelo meu editor, mas também por um novo agente em Nova York.

Em um curto espaço de tempo, eu parecia ter feito um longo percurso. Deixei para trás alguém que era um escravo do salário numa agência de RP e passei a ser um romancista publicado no mundo todo e com uma perspectiva de negociação na América. Eu sabia que com um contrato de publicação em Nova York, as coisas em Hollywood começariam a se encaixar muito mais facilmente. Eu sempre soube que meus livros eram visuais e, em inúmeras ocasiões, os leitores me disseram que era fácil imaginá-los em forma de filmes. Será que eu estava a ponto de conquistar um índice plenamente global de leitores?

Decidi visitar meu agente em Nova York para conversar sobre o que aconteceria a seguir. No dia do nosso encontro, comecei o dia, como de hábito, com uma sessão de meditação em meu quarto no hotel, antes de tomar o elevador para o restaurante na cobertura. Assim que entrei no elevador, um pouco antes das nove horas da manhã, uma outra hóspede do hotel atraiu a minha atenção: "Você viu o noticiário?", ela perguntou. "Alguém mergulhou um avião no World Trade Center."

Eu, naturalmente, fiquei surpreso, mas não excessivamente assustado. Imaginei alguma aeronave leve, acidentalmente fora da rota.

Quando saímos do elevador para a cobertura, entretanto, uma história muito diferente estava surgindo. Em vez da algazarra usual que acompanhava o café da manhã, todas as pessoas olhavam fixamente, pasmas, para o único monitor de TV. Como todos os outros monitores que transmitiam noticiários no mundo inteiro, ele estava mostrando imagens ao vivo da devastação ocorrida na primeira torre do World Trade Center. A seguir, surgiu aquele ícone apocalíptico do jato mergulhando diretamente na segunda torre.

Quase todos nós podemos nos lembrar onde estávamos quando ouvimos a notícia sobre 11 de Setembro. Quando eu digo às pessoas que estava na cidade de Nova York, elas muitas vezes reagem como se eu tivesse sido apanhado no meio de uma zona de guerra. Mas a realidade mais prosaica é que se eu não tivesse me aventurado para fora de meu hotel, era como se tudo pudesse estar acontecendo em uma cidade diferente. Quando olhei para fora, enquanto o drama surreal acontecia, me lembro de ter pensado que fazia um lindo dia de outono, com um céu muito azul e sem nuvens.

Ainda se passariam algumas horas antes que a plena extensão do ataque do Al-Qaeda fosse conhecida ou compreendida. Embora hoje a simples sequência 9/11 comunique um significado instantâneo e profundo, naquela manhã propriamente dita quase todas as pessoas em Nova York ocupavam-se muito mais com questões de natureza prática. Quanto prejuízo havia sido causado na área financeira? Ela ainda estava em operação? O metrô ainda estava funcionando?

Em meio a esse estranho descompasso, tive uma reunião com minha agente de Nova York. Ela repetiu seu entusiasmo por *Expiry Day* e listou os editores com quem faria uma tentativa. Mas não havia como escapar dos acontecimentos que se desdobravam apenas a alguns quilômetros dali; eles ofuscaram completamente a nossa reunião.

Uma das piores coisas de se estar à beira do desastre é a sensação terrível de profundo desamparo. Depois da minha reunião, voltei ao hotel para me inteirar dos acontecimentos. Apesar da fuga quase milagrosa de tantas pessoas do World Trade Center, o horrível número de vítimas já era evidente. O que se poderia fazer para ajudar? Os anúncios de TV e rádio já haviam convocado assistência médica, mas pediam a outros voluntários que se mantivessem afastados do ponto de impacto. Alguns minutos depois de os hospitais terem solicitado doadores de sangue, houve um comparecimento em massa de voluntários, que foi necessário um pedido público para interromper aquela movimentação.

Nas ruas, os espetáculos mais extraordinários se desenrolavam, à medida que todo o tráfego se afastava da zona do desastre. O mais visível eram os pedestres em longas caminhadas, afastando-se do centro, tentando descobrir o melhor caminho até a estação de metrô mais próxima em funcionamento. O único tráfego que se dirigia para o sul eram os veículos de emergência.

E no decorrer de todo esse pandemônio, Nova York mudou. Ou talvez tenha mostrado suas verdadeiras cores. As pessoas ofereciam voluntariamente telefones celulares para desconhecidos, para ajudá-los a entrar em contato com seus entes queridos. Homens de negócios, exaustos depois de uma caminhada de trinta quarteirões, eram convidados para tomar um drinque em apartamentos de completos estranhos. Informações, transporte de carro, até mesmo acomodação grátis eram oferecidos àqueles que se encontravam em dificuldades.

No meio da tarde, um silêncio sinistro pairava no Upper West Side. Quase todo o comércio havia fechado, com papéis pregados nas portas, contendo notificações rapidamente impressas. Os moradores permaneciam dentro de casa, focados nas imagens da TV. O constante gemido das ambulâncias e carros de bombeiros era um lembrete contínuo do drama que se desenrolava no sul da ilha. O ar havia se tornado mais irritante com a fumaça.

Incapaz de permanecer engaiolado em meu quarto, ao anoitecer fui dar uma volta pelas ruas quase desertas próximas ao hotel. Havia algumas pessoas por ali, mas não muitas. Passei por um homem que levava o cão para passear e trocamos contato de olhos e cumprimentos. Foi somente posteriormente que eu me dei conta de como esse acontecimento havia sido extraordinário para Nova York.

Muito poucos restaurantes estavam abertos, e nem um único bar. Eu contemplava a perspectiva pouco atraente do serviço de quarto, quando, apenas a dois quarteirões de distância do hotel, encontrei um lugar que era cafeteria durante o dia e clube à noite. Chamemos isso de poder da livre empresa, ou de animação corajosa, não importa; esse local comercial não somente permanecia aberto, mas também mantinha os funcionários do lado de fora, nas calçadas, oferecendo cafés grátis e convidando os transeuntes para entrar.

Não foi preciso que me convidassem duas vezes. Sem dúvida, naquela altura, muito poucas pessoas estavam interessadas em café, grátis ou não. Pedi um vinho e logo me encontrei em uma mesa lotada, com um monte de gente que não se conhecia, trocando entre si histórias daquele dia. Várias pessoas eram de fora da cidade, estavam a negócios. Havia o executivo de Chicago que fazia *leasing* de veículos, o importador de joias de Vancouver, dois estudantes italianos em uma viagem de estudos das belas-artes e uma mulher inquieta que morava por ali, com um velho cão *spaniel*.

A cidade inteira parecia haver se fechado em torno de nós e aquele pequeno bar parecia o local comum de entretenimento. Do lado de fora as ruas estavam vazias e acres. Mas lá dentro escutávamos o grupo que havia subido ao pequeno palco com uma miscelânea de músicas pop clássicas.

Em algum momento da noite eu me lembro de uma versão de "Bye, Bye, Miss American Pie". Depois de vários drinques, várias pessoas do público aderiram até que aquela pequena cafeteria inteira estava cantando. Foi uma reação espontânea e sincera, que parecia inteiramente adequada para o momento. Unidos naquele famoso hino à perda, de Don Maclean, todos nós sabíamos que estávamos dizendo adeus a alguma coisa naquele dia... mas exatamente a quê, ainda não se sabia. Complacência? Inocência? Certezas que não mais permaneceriam incontestadas?

No que me diz respeito, eu não tinha ideia de como as consequências de 11 de Setembro me afetariam diretamente. Dentro de meses meu mundo viraria de cabeça para baixo. Cantando juntamente com todos eles, mal percebi o quão profética a letra daquela música se revelaria, o quanto aquele foi o dia em que a música morreria.*

---

* Referência à letra da canção popular americana "Bye Bye Miss American Pie", de Don McLean. (N. da T.)

9

A ESSÊNCIA DA SABEDORIA DO BUDA

A iluminação é o momento em que a onda percebe que é água.
Nesse momento, todo medo da morte desaparece.

Thich Nhat Hanh, *The Heart of Understanding*

De todos os ensinamentos do Buda, a sabedoria do "surgimento dependente" é o mais sutil e o mais revolucionário. As suas implicações são tão radicais para o modo como vemos a nós mesmos e o mundo à nossa volta, que existe uma tradição estabelecida de não revelar essa verdade antiga e transformadora para aqueles que ainda não estão maduros o suficiente para compreendê-la. Por esse motivo, o surgimento dependente sempre aparece perto do fim dos ensinamentos do Lam Rim.

Em primeiro lugar, para oferecer um contexto, o Budismo é muitas vezes conhecido como o "Caminho do Meio". Essa metáfora funciona em diversos níveis diferentes. O mais elevado deles, que nos diz respeito agora, procura descrever como a tradição budista evita os dois extremos do niilismo e do eternalismo.

O ponto de vista niilista é que apenas se pode explicar de maneira adequada a existência de todos os seres em termos de carne e sangue, natureza e educação, gene e ambiente. Nosso cérebro equivale à nossa mente e quando morremos, é o final da história, minha gente, obrigado e boa noite.

Na condição de pessoas ocupadas, na maior parte das vezes esse modelo materialista combina bem com a nossa experiência da realidade. Mas existem alguns fenômenos complicados que não são tão facilmente explicados. Como explicar que os clarividentes têm sido capazes, sem fazer esforço, de oferecer detalhes íntimos sobre pessoas vivas ou mortas? Como pode ser que as habilidades telepáticas de algumas pessoas sejam tão poderosas que as agências de serviços de informações recrutam, como se sabe, "observadores remotos?" Por que alguns de nós conseguem lembrar, sob hipnose, de fatos históricos espantosos, aos quais nunca poderíamos ter tido acesso? O que dizer de espíritos, curas miraculosas, experiências religiosas como os estigmas de Cristo, experiências de quase-morte, tanto positivas como negativas, para não mencionar inúmeros outros fenômenos sobrenaturais?

A visão niilista é descartar todas essas coisas, considerando-as trotes astutos, coincidências, a mente sobre a matéria ou crenças fundadas em desejos e não em fatos. Incapazes de explicar tais coisas em termos materialistas, a existência delas é negada ou ridicularizada.

Na outra extremidade do espectro, segundo a visão eternalista, temos dentro de nós uma alma ou espírito, muitas vezes considerado o "eu verdadeiro" ou "eu essencial". Quando morremos, essa alma vai para o céu, inferno ou purgatório, onde ela poderá ter a boa sorte de encontrar a alma de amigos já falecidos e seres amados do planeta Terra. Alternativamente, em algumas tradições orientais, a alma pode ser impelida para uma nova reencarnação, como resultado do karma.

Exatamente em que consiste esse "eu verdadeiro" ou "alma" não é uma questão que os eternalistas sejam capazes de responder com qualquer tipo de certeza, o que é paradoxal, tendo em vista a extrema importância dessa suposta entidade. E existem questões fundamentais, cujas respostas são incertas. Por exemplo, sabemos que se alguém sofrer danos em diferentes partes do cérebro, pode perder a memória ou sofrer alterações drásticas em sua personalidade. Dado que memória e personalidade são funções cerebrais, o que nos restará quando, em nossa morte, nosso cérebro morrer? As almas têm memória ou personalidade? Caso tenham, essas funções são independentes da memória e personalidade que residem no cérebro?

A visão budista é que nem o niilismo nem o eternalismo estão em concordância com uma análise imparcial da realidade e que a verdade reside entre esses dois pontos – daí o nome Caminho do Meio. Isso pode se constituir num desafio para os ocidentais, que deparam com esses ensinamentos pela primeira vez. Nossa mente binária nos diz que não é possível que as duas coisas aconteçam. Ou temos 1 ou temos 0, niilismo ou eternalismo. Não existem outras possibilidades.

Mas o Budismo nos incentiva a sermos um pouco mais sofisticados em nosso modo de pensar. Não é meramente a existência ou não existência dos fenômenos que está em discussão aqui. O ponto crítico é *como* os fenômenos existem.

Compreender a resposta a essa questão é muito mais do que uma interessante abstração acadêmica. É o objetivo último de toda filosofia budista e nossa experiência pessoal disso nos leva diretamente à iluminação.

Como as coisas existem

A realidade é uma ilusão, se bem que uma ilusão persistente.

Albert Einstein

O Buda explicou que todas as coisas existem meramente como surgimentos dependentes. Especificamente, todos os fenômenos são dependentes de causas, partes e projeção mental. Isso pode parecer uma afirmação bem simples, mas vale a pena considerar as suas implicações.

Causas

O monge budista Thich Nhat Hanh abre seu livro maravilhosamente escrito, *The Heart of Understanding*, com estas palavras:

> Se você for um poeta, verá claramente que existe uma nuvem flutuando nesta folha de papel. Sem nuvens, não haveria chuva; sem chuva, as árvores não cresceriam e sem árvores, não haveria papel. A nuvem é essencial para que o papel exista.

Ele prossegue, descrevendo como o sol, o solo, o madeireiro, os pais do madeireiro e uma miríade de outros elementos são exigidos para criar uma folha de papel. Sem qualquer um desses elementos, o papel não poderia existir.

Cada um de nós, também, está evoluindo em meio a uma vasta gama de relações interdependentes: somos dependentes de causas. Nossos pais, que nos conceberam. As influências das experiências infantis em nosso corpo e mente. A mídia, que consumimos e as pessoas, com quem passamos nosso tempo. Neste exato momento, na condição de pessoas ocupadas do início do século XXI, existimos de maneira mais interdependente com o resto do mundo do que jamais aconteceu antes.

Eu às vezes reflito como, em um dia de semana comum, desde a hora em que chego a minha mesa de trabalho, às oito e meia da manhã, já terei contado com dezenas de milhares de relações no mundo todo. Acordo em uma cama que foi fabricada na Austrália, usando componentes de diversos outros países. Além do fabricante e do varejista de quem compramos a cama, havia os vários empregados dentro dessas empresas, que fizeram parte da fabricação desta cama específica; os fornecedores de todas as partes constituintes da cama; os transportadores que a trouxeram até nossa casa; os gerentes de banco que financiaram todas essas empresas, possibilitando o seu funcionamento; a equipe de funcionários como os contadores, o departamento de RH e os executivos de marketing que as fizeram operar efetivamente. Todas essas pessoas têm pais, muitos deles oriundos de outros países e sofreram inúmeras influências que os conduziram ao período de tempo de seis anos atrás, quando desempenharam o seu papel na montagem, venda e entrega de nossa cama específica.

E ainda nem levamos em consideração os lençóis, travesseiros e cobertores. De fato, ainda nem saímos do item cama. O que dizer de todas as coisas do banheiro e da cozinha? O café colombiano e o musli com ingredientes de meia dúzia de países diferentes?

Tendemos a pensar em nós mesmos como indivíduos que existem de modo bastante isolado do resto do mundo. Mas até mesmo essa análise rudimentar mostra que, na realidade, somos extremamente dependentes de um vasto número de pessoas e acontecimentos em qualquer momento dado. Mais do que existir, nós coexistimos. É só tirar um dos componentes que todo o quadro muda.

É fácil dizer que muitos desses relacionamentos são tão sutis que mal vale a pena considerá-los. E daí, se a família zulu no sul da África não tivesse enviado seu filho para a mina, da qual ele perfurou o minério de ferro exigido para o pino de aço que agora sustenta a estrutura da nossa cama? Você não teria dormido do mesmo modo, com outro pino, ou em outra cama? Sem dúvida, mas estaríamos apenas trocando um conjunto de relações interdependentes por outro. E das mais sutis e remotas até as mais poderosas e diretas, essas relações fazem nós sermos o que somos.

Algumas pessoas ficam indignadas com a sugestão de que são influenciadas por outras, de algum modo. Elas se orgulham de terem pontos de vistas firmes e muitas vezes contrários, formado com base na análise racional e nada mais além disso. Enquanto profissional da comunicação, nunca deixei de me espantar com os resultados de pesquisas nas quais as pessoas alegam que não são influenciadas pela propaganda. Por que motivo elas consideram que bilhões de dólares são gastos em campanhas promocionais todos os anos? A indústria da propaganda só prospera por ocasionar mudanças de atitudes e comportamento com muito sucesso.

Gostemos ou não, todos nós somos constantemente influenciados pelas pessoas a nossa volta. O próprio fato de podermos nos comunicar deve-se apenas à língua que aprendemos dos outros. E como as influências sobre nós constantemente mudam, nós também mudamos.

Quase todos nós conhecemos histórias como a do homem de negócios, frio e objetivo que, tendo tido um atrito com a morte, é visitado em um momento vulnerável por um padre e, subsequentemente, se torna um devoto frequentador de igrejas e um filantropo. O adolescente viciado em drogas que vê seu melhor amigo morrer de uma overdose e resolve mudar de vida. Ou, de uma maneira menos dramática, mas não menos profunda, a conversa que tivemos com alguém, que pertence a um grupo pelo qual nutrimos pouca simpatia, e que nos faz questionar nossas atitudes prévias.

À medida que as pessoas e influências à nossa volta mudam, nós também mudamos. Em dependência de causas, a única coisa da qual podemos ter certeza é que daqui a dez, cinco ou até mesmo dois anos seremos pessoas diferentes do que somos hoje.

Partes

O Buda também ensinou que todas as coisas são dependentes de partes. Dos três aspectos do surgimento dependente, esse é provavelmente o mais óbvio, o mais fácil de entender. Sem um motor, um carro não é um carro. Sem pétalas, uma flor não é uma flor.

Enquanto indivíduos, de que partes nós somos dependentes? Qualquer pessoa que tenha lido a autobiografia comovente de Christopher Reeve, *Still Me*, não pode deixar de se emocionar pela condição do ator que fazia o Super-Homem e que agora era incapaz de mover um braço sequer. Em sua própria mente ele continua sendo "eu". Mas por causa de um único acidente enquanto montava a cavalo, mesmo que possamos admirar a sua resiliência emocional, para os seus fãs ele não é mais o Super-Homem. O Christopher Reeve de antes do acidente era um ser completamente diferente.

Ainda mais dramática é a história do antigo editor de revistas Jean-Dominique Bauby. Em sua autobiografia, *The Diving Bell and the Butterfly*, ele descreve como um grave derrame aos 43 anos o reduziu a uma condição na qual ele ficou "trancado" em um corpo imóvel e era capaz de controlar apenas o piscar de sua pálpebra esquerda. Apenas usando esse meio, ele ditou meticulosamente o seu livro inteiro, letra por letra. Como Christopher Reeve, a vida ativa de Jean-Dominique Bauby parou abruptamente. Seu continuum mental era o mesmo, mas o fundamento sobre o qual ele existia era completamente diferente.

Embora, em um nível grosseiro, seja fácil ver que todas as entidades dependem, para a sua existência, de numerosas partes componentes que funcionam, em um nível mais sutil é significativo que, como observa Thich

Nhat Hanh, "esta folha de papel é formada apenas de 'elementos não papel'. E se devolvermos esses elementos 'não papel' para as suas fontes, não poderá haver nenhum papel". Podemos ser David, Susan ou Jeff, mas consistimos inteiramente de elementos não David, não Susan e não Jeff. Até mesmo o DNA que desempenha um papel fundamental em nossa aparente condição de David, Susan ou Jeff, consiste inteiramente em elementos não David, não Susan e não Jeff.

Assim como as causas das quais dependemos mudam constantemente, as partes também. Crescimento e entropia garantem que nada dura para sempre. Os computadores quebram, frutas apodrecem e adolescentes problemáticos se tornam frágeis idosos.

As mudanças que menos percebemos estão em nós mesmos. Quando olhamos no espelho, parecemos o mesmo de sempre. Mas é só pegar uma fotografia de dez ou vinte anos antes e deparamos com a marcante diferença. Como tudo isso aconteceu sem que tivéssemos percebido?

Em um nível celular, nosso corpo está constantemente se regenerando, desde as novas células da pele fabricadas diariamente, até as células de lento crescimento dos nossos ossos. No espaço de sete anos, nosso corpo inteiro terá sido completamente regenerado e não teremos nem uma única célula das que estão presentes em nós hoje. Uma história da qual sempre gostei fala de um prisioneiro que escreveu para a Suprema Corte, pedindo para ser libertado. Ele alegava que, depois de sete anos, não era mais a mesma pessoa que havia cometido o crime!

Projeção mental

Rod e Jim são grandes amigos. Cresceram juntos, foram padrinhos nos respectivos casamentos, relacionam-se socialmente com regularidade e sabem tudo o que há para saber a respeito um do outro.

Hoje estão sentados lado a lado, assistindo a um evento acontecendo à frente deles. Ambos estão bebendo a mesma marca de cerveja e comendo o mesmo tipo de pastel de carne. A perspectiva dos dois é praticamente idêntica e, durante completos noventa minutos, nenhum deles é exposto a nenhum estímulo individual.

Depois de passados noventa minutos, Rod ficou eufórico, sorrindo de orelha a orelha e golpeando o ar com seu punho, ao passo que Jim se mostra tão desanimado que até mesmo a perspectiva de voltar para casa o exaure. Como foram expostos exatamente à mesma realidade exterior, como é possível que a diferença dos estados emocionais de ambos seja tão espantosa?

A resposta, se você não adivinhou ainda, é bem simples. Eles são torcedores de times rivais de futebol e o time de Rod acabou de derrotar o de Jim.

Não há nada de notável nessa história. Existem versões dela a cada momento, em todo o planeta, onde os mesmos acontecimentos estão provocando reações inteiramente diferentes em pessoas diferentes. Geralmente não temos nenhuma dificuldade em pensar que os acontecimentos exteriores não ditam, automaticamente, uma resposta interior... contanto que nossa própria mente ou emoções não estejam envolvidas! Enquanto observadores imparciais, podemos ver com bastante clareza o modo como duas pessoas interpretam de maneira diferente, até mesmo oposta, o mesmo acontecimento, seja ele um jogo de futebol, um beijo ou os termos de uma transação comercial. É bastante óbvio, para nós, que o acontecimento exterior, em si mesmo, não é a causa das reações tão diferentes das pessoas, e sim suas próprias crenças e atitudes, ou seja, as suas projeções mentais, que fazem com que reajam de uma maneira específica.

Entretanto, quando somos nós que estamos no centro da ação, a história é muito diferente. Para nós é difícil ver que qualquer outra interpretação, além da nossa própria, seria possível a respeito de algum fato; é mais difícil ainda, para nós, aceitar outra interpretação.

A eliminação de milhares de civis inocentes por aeronaves controladas por pessoas cheias de ódio nos deixa estarrecidos; consideramos isso uma afronta espontânea e selvagem. Do mesmo modo foram afetados os residentes de Hiroshima. Embora possamos ter sentido desgosto ao ver os fundamentalistas islâmicos celebrando o 11 de Setembro, tendemos a não lembrar das celebrações das forças aliadas, depois do lançamento da primeira bomba atômica em 1945.

Crenças versus acontecimentos da vida real

Quando eu estava na casa dos 20 anos, sofri de uma enorme depressão que surgiu, acredito, por ter sido largado pela minha namorada. No ambiente altamente militarizado em que cresci, isso era conhecido como "levar uma bala" e um dos meus livros do ano, da universidade, mostra um *cartoon* onde estou sendo perfurado por um tiroteio de metralhadora.

Da maneira como me percebia, eu tinha pouca opção em minhas respostas a um acontecimento que, certamente, eu também não havia escolhido. Eu só queria que nós voltássemos a namorar e essa possibilidade não existia.

Incapaz de superar essa situação infeliz, as coisas começaram a mudar apenas quando um terapeuta extremamente hábil, Bob "Super" Hooper, me pediu para listar todos os motivos que me deprimiam por ter "levado uma bala". Usando um tipo de terapia cognitiva praticada no Ocidente desde a década de 1960 (e no Oriente desde o século V a.C.), o terapeuta explicou que os "acontecimentos da vida real" não fazem, automaticamente, você se sentir de determinada maneira. É a sua interpretação desses acontecimentos, é a sua projeção mental, que produz os sentimentos.

Mesmo enquanto eu escrevia a lista, tendo que anotar minhas interpretações no papel, comecei a sentir dúvidas. Na sessão seguinte, Super Hooper me pediu para lhe entregar a lista e começou a demolir cada motivo com um convincente *tour de force* de irresistível humor e lógica.

"Você diz que nunca vai encontrar ninguém como Tracy novamente?", ele questionou. A seguir, com um sorriso largo e travesso: "Para mim soa como se você não quisesse isso. Mas diga-me, quantos anos você tem?"

"Vinte e um".

"E em que idade a maioria das pessoas que você conhece se casa, ou mora junto?"

Eu dei de ombros. "Na metade dos 20, começo dos 30".

"Você só namorou duas garotas depois de conhecer Tracy, certo?"

Eu acenei com a cabeça.

"E você está seriamente tentando me dizer que, mesmo que continue a namorar por mais dez anos, nunca vai encontrar uma parceira compatível?"

Quando procura um terapeuta, você espera luvas de pelica e lenços de papel e não um debate. Mas Super Hooper era exatamente o que eu precisava: alguém para questionar minhas crenças persistentes e autodestrutivas. Depois de alguns assaltos com ele no ringue, ia ficando cada vez mais difícil permanecer deprimido por muito tempo. Eu começava a me sentir esmagado pela sensação familiar de estar afundando e então eu pensava: *Espere um pouco! O que está me deixando deprimido?*

Não se tratava de erradicar completamente cada partícula de infelicidade a respeito do que aconteceu. Eu sou humano. Mas era como se o tapete por baixo dos meus sentimentos depressivos tivesse sido puxado. Quando olhei para eles de perto, percebi que eram baseados num engano. Como Super Hooper nunca deixou de assinalar, as razões para a minha infelicidade estavam todas na minha cabeça. Nem todos os jovens de 21 anos que "levam uma bala" caem numa depressão crônica. Eu tinha alguma escolha a esse respeito. Eu podia me animar um pouco, para início de conversa!

Nossa vida, nossa projeção

Ao reunir os diferentes elementos dos quais todas as coisas dependem – causas, partes e projeção mental – o que fica evidente é que o modelo de realidade com o qual quase todos nós lidamos é, na verdade, fundamentalmente imperfeito. Porque até onde nossa vista alcança, sempre tivemos um senso de um mundo separado e concreto lá fora com o qual nós, indivíduos separados e concretos, interagimos.

Mas essa versão da realidade de um "estado sólido" já foi há muito tempo desacreditada pelos cientistas. É fascinante que a física quântica contemporânea descreva a natureza da realidade de um modo que ressoa fortemente com os ensinamentos de um homem que viveu há 2.500 anos. Os conceitos budistas de karma e surgimento dependente têm paralelos diretos com a visão científica básica de que o universo é um campo de energia e matéria em constante mudança.

O Buda e os cientistas concordam em que não existe, no universo inteiro, uma coisa concreta, permanente ou independente. Essa entidade é incapaz de existir. Tudo é interdependente e em estado de contínuo fluxo.

É exatamente porque todos os fenômenos são surgimentos dependentes, que são muitas vezes descritos como vazios de existência própria. Mas pelo fato de serem vazios de existência própria, são surgimentos dependentes. Estes são dois lados da mesma moeda.

O conceito de surgimento dependente começa a ficar *realmente* interessante quando nós o aplicamos à pessoa que consideramos o "eu".

A natureza do "eu"

Ao defender o "eu" defendemos o "outro".
Por meio de "eu e outro" o apego e a aversão surgem.
E em conexão com isso
Ocorrem todas as faltas.

Dharmakirti, *Commentary on the Compendium of Valid Cognition*[*]

No capítulo anterior, vimos como o Eu é a causa de nossa insatisfação. É o Eu que acredita que devemos possuir um certo estilo de vida, ou o amor dos outros, ou uma posição de influência, ou gratificação sensual, ou todas

---
[*] Comentário sobre o Compêndio da Cognição Válida. (N. da T.)

essas coisas juntas. Todos nós andamos com ideias firmemente arraigadas sobre nós mesmos, inclusive nossas histórias de vida, nossas preferências pessoais, nossas forças e fraquezas. Tudo isso contribui para um sólido senso de "eu".

No capítulo sobre o Primeiro Ensinamento do Buda, nós também examinamos o paradoxo do narcisismo, de como o foco em si próprio leva à infelicidade e não à felicidade. A prática de bodhichitta é o completo oposto disso. Mas um outro antagonista definitivo é o surgimento dependente.

Pois quando nós aplicamos o surgimento dependente ao Eu, o que descobrimos é que esse Eu aparentemente poderoso, concreto e decisivamente importante simplesmente não existe, não como uma entidade independente. Quanto mais observamos, mais percebemos que tal coisa não existe. Nós estamos construindo a coisa toda. O Eu nada mais é do que um fruto de nossa imaginação!

Como sabemos que isso é verdade? Porque a ideia que temos de nós mesmos não coincide com a de mais ninguém. Podemos acreditar que temos certas características ou qualidades. Mas se fosse feita uma pesquisa entre todos os que nos conhecem, incluindo membros da família, o cônjuge e ex-cônjuges, será que cada uma dessas pessoas concordaria? Será que os outros nos veem do mesmo modo como nos vemos? Será que até mesmo as pessoas mais caras e próximas poderiam oferecer uma descrição coerente?

Foi precisamente esse dilema que levou o poeta escocês, Robbie Burns, a perguntar: "Oh, que algum Poder tivesse uma dádiva a nos oferecer/A de ver a nós mesmos como os outros nos veem!"[*] É incrível a quantidade de energia que muitos de nós despendemos quando nos preocupamos com a impressão que causamos nas outras pessoas, como elas consideram que nos expressamos, que tipo de imagem nós temos.

Na verdade, a ideia que fazemos de nós mesmos existe apenas em nossa mente. Ninguém mais a partilha conosco, nem estão interessados nisso realmente, porque as outras pessoas têm suas próprias projeções a nosso respeito. Além disso, mesmo a nossa própria projeção está altamente condicionada pelo nosso humor. Quando estamos deprimidos, nossas falhas e inadequações podem parecer opressivas. Em um estado mais otimista, às vezes descobrimos muitas coisas positivas. No decorrer do tempo, nossa ideia sobre quem somos também muda; nossos valores, nossas esperanças, quem e o que consideramos importantes para nós, tudo isso é muito frágil.

---

[*] No original: "O wad some Pow'r the giftie gie us/To see oursels as others see us!". (N. da T.)

Portanto, dentre todas essas diferentes versões de nós mesmos, qual representa o "verdadeiro eu?"

Os dois "eus"

O Budismo fala de dois "eus". O primeiro "eu" é um rótulo de conveniência que aplicamos ao nosso continuum psicofísico. Sem dúvida, o continuum pode ter mudado em relação ao que era ontem, ou dez anos atrás. E sem dúvida, a sua experiência em relação a ele pode ser muito diferente da minha. Mas na falta de uma alternativa melhor, chamamos essa coleção de elementos não eu, sujeita a mudanças, de "mim", "eu mesmo", "eu". Essa versão do "eu", que leva em consideração o surgimento dependente, é a correta.

Mas a maioria de nós vai um pouco mais longe. Além dessa coleção constantemente variável de elementos não eu, nós projetamos um "eu" que na verdade não existe. Esse falso "eu" é um possuidor e um controlador. "Minhas pernas estavam doendo, mas eu me senti muito contente", talvez não nos cause surpresa como uma coisa especial de se dizer. Mas o que está acontecendo aqui? Quem é esse "eu" que se sente contente? Do modo como expressamos, é como se as pernas pertencessem a esse "eu", do mesmo modo que um guarda-chuva ou um molho de chaves. Elas são circunstanciais em relação à alegria sentida pelo "eu". Mas, como já vimos, não existe tal coisa como um "eu" que possui algo. O "eu" é meramente uma coleção de partes, incluindo as pernas.

O "eu" falso ou projetado tem tamanho domínio sobre nossa mente, não obstante, que estamos convencidos de que esse possuidor ou controlador realmente existe. Não apenas isso, nós projetamos nele todo tipo de características.

Assim como projetamos algumas coisas no resultado de um jogo de futebol, no lançamento de uma bomba, no final de um relacionamento, também projetamos todo tipo de coisas nessa coleção constantemente variável de elementos não eu e passamos a convencer a nós mesmos de que nossas projeções são reais. "Eu" sou um introvertido, "Eu" creio nas causas verdes. "Eu" não tenho cabeça para números.

O Lama Yeshe costumava falar sobre a "bolha dupla" dentro da qual todos nós andamos. A primeira bolha é o falso "eu", o "eu" independente, aparentemente existente por si só, que nós projetamos. A segunda bolha compreende todas as qualidades que projetamos nesse "eu" não existente.

O motivo de escolhermos a analogia da bolha é que as projeções são "estouradas" com muita facilidade.

De onde vêm nossas projeções

De onde aparecem essas projeções, em primeiro lugar? Elas surgem, em poucas palavras, do karma. Diferentes pessoas veem a mesma coisa, ouvem a mesma música, sentem o mesmo aroma de maneiras muito distintas, porque elas chegam até essas coisas com diferentes condicionamentos.

Começamos nossa vida com o pacote natureza/criação que surge de um karma previamente criado. E a partir de uma miríade de possibilidades, à medida que crescemos, a interação de causas e condições amadurece o nosso karma, de tal maneira que projetamos nossa ideia sobre o modo como as coisas existem no mundo exterior e em nós mesmos.

Como já vimos, não existe uma coisa chamada mundo concreto, existente por si mesmo, lá fora. Se existisse, todos nós concordaríamos quanto ao modo em que ele existe. É precisamente porque todos os fenômenos, inclusive nós mesmos, são surgimentos dependentes, que todos nós temos ideias tão diferentes sobre o modo como eles existem. Desse modo, o karma e o surgimento dependente estão ligados.

Somos extremamente afortunados em experimentar a realidade dessa maneira, porque se não gostamos de nossa projeção, podemos mudá-la. O karma, como tudo o mais, é meramente um surgimento dependente. Mude o karma e você mudará o modo de ver a vida. Com cada ação de corpo, fala e mente, estamos inventando nossa realidade futura.

Se não meu Eu, quem sou eu?

O senso de si mesmo, de ego ou eu, não é a mesma coisa que consciência;
é uma forma que a consciência assume sob certas condições que, no homem,
estão conectadas com os sentidos e a complexa organização
de forças e substâncias que constituem o corpo humano.

Lobsang P. Lhalungpa, *The Life of Milarepa*

A essa altura, você pode estar pensando: "Bem, isso é ótimo! Depois de ter exterminado a ideia de 'eu' que me acompanhou nos últimos X anos, o que exatamente você deixa para mim? E o que permanece quando eu morrer? Nada?!"

Como esclarece Lobsang Lhalungpa na citação acima, abandonar o falso senso de "eu" ou "mim" não é negar a existência da consciência; é negar apenas um falso modelo de consciência e essa falsidade é facilmente demonstrável.

O que permanece conosco, depois do abandono do falso "eu", é a consciência, ou o fluxo mental impelido pelo karma. Um fluxo mental que irá passar por experiências agradáveis e desagradáveis, que pode renascer como um cão desnutrido em uma aldeia da África ou uma criança cheia de saúde e alegria, de pais ricos, da Califórnia. Tudo depende do karma. A escolha é nossa.

Mas uma perspectiva muito mais sedutora é a de uma consciência que transcendeu o samsara. Uma atenção plena que não seja mais impelida pelo karma. Essa consciência tem estado conosco desde tempos imemoriais e é às vezes descrita como a natureza búdica. A experiência vivida dela é o nirvana.

No início deste capítulo eu citei Thich Nhat Hanh, que descreve a iluminação como aquilo que acontece quando a onda compreende que é água. É uma metáfora maravilhosa, que descreve o que ocorre quando abandonamos o falso construto do Eu (como entidade separada e independente) e descobrimos que a nossa verdadeira natureza é uma atenção plena pura, primordial, ilimitada, em harmonia com o universo. Nossa primeira experiência dessa qualidade ou caráter naturalmente duradouro é a descoberta da vacuidade de nossa própria existência pessoal. Começamos a compreender a natureza ilusória das aparências.

O Buda falou muito mais sobre a insatisfação do que sobre a experiência de ser iluminado e o motivo foi que a maioria de nós não pode nem começar a imaginar esse estado de atenção plena bem-aventurada. Os mestres iluminados subsequentemente nos disseram que nada que nós experimentamos enquanto seres humanos, nem mesmo o estado máximo de êxtase no orgasmo, chega perto da felicidade da iluminação. É também verdade que muitos praticantes, que desfrutaram de certo nível de sucesso em sua meditação, mostram a maior relutância de sair de um retiro.

A expressão "experiência oceânica" descreve algo que muitas pessoas vislumbraram, ou seja, instantes inesperados quando se sentiram parte de uma grande energia e bem-aventurança. Dada a analogia da onda feita por Thich Nhat Hanh, esse termo para designar uma felicidade imensa e radiante parece altamente apropriado.

Se tivermos pelo menos uma compreensão teórica de nossa natureza verdadeira e primordial, poderemos ver como a morte é um resultado de nossa falsa crença em uma existência própria. Ela surge de uma concepção inapropriada do "eu", pois na realidade não há nada para morrer. Nunca houve. A verdadeira natureza da onda sempre foi água. Se ela pensasse qualquer outra coisa, seria vítima de crenças limitadoras!

Segundo o Livro Tibetano dos Mortos, "A verdadeira natureza das coisas é vazia, espaçosa e nua como o céu. A luz clara da vacuidade, sem um centro ou uma circunferência, é o alvorecer da atenção plena de pura consciência". Quando reconhecemos que um "eu" que existe por contra própria é uma ilusão, compreendemos nossa verdadeira natureza. Conhecemos a felicidade.

Colocando em prática o surgimento dependente

A vacuidade meramente presumida faz o samsara em pedaços.

Aryadeva

O surgimento dependente é um conceito escorregadio. Quando parece que você entendeu com clareza – ai! – ele escapa de sua compreensão e você acaba sabendo que a realidade não é bem o que parece, mas incerto a respeito de porquê e como isso acontece. Pelo fato de o surgimento dependente e, o reverso da medalha, o conceito de vacuidade irem contra todo o nosso condicionamento prévio, quase todos nós precisamos ouvir os ensinamentos a esse respeito muitas vezes, simplesmente para formar uma compreensão conceitual estável a esse respeito.

Vale notar que, por ser esse o âmago do Budismo, muitos livros foram escritos e muitos ensinamentos ministrados que nem sempre utilizam a mesma terminologia. Outros termos comumente utilizados quando se discute esse tema são "lampejo intuitivo especial" e "sabedoria shunyata".

"Vacuidade" ou "vazio", forma abreviada de "vazio de existência própria", é provavelmente o termo mais utilizado para aquilo que é o corolário natural do surgimento dependente, como já vimos: pelo fato de os fenômenos dependerem de partes, causas e projeção mental, eles são vazios de existência própria. Por serem vazios de existência própria, eles são dependentes de partes, causas e projeção.

O motivo de eu ter focado no surgimento dependente, e não na vacuidade, nesta explicação é porque quase todos nós usamos os termos "vazio" e "nada" de modo intercambiável, na vida diária. Entretanto, ao refletir sobre o Dharma, se você considerar que vazio significa nada estará cometendo um erro básico, que é passível da acusação de niilismo!

Em um nível conceitual, o surgimento dependente pode ser uma descoberta sensacional, que serve para abrir os olhos até do cético mais renitente. Entretanto, como em todas as outras coisas no Budismo, não é o que você pensa, é o que você faz que conta. É tão importante a nossa experiência direta e pessoal do surgimento dependente, particularmente em um profundo estado meditativo, que se diz que todos os ensinamentos do Buda levam, direta ou indiretamente, a esse objetivo.

Como disse Milarepa, o famoso yogue e poeta budista: "Assim como um homem faminto não pode ser alimentado pelo conhecimento da comida, mas precisa comer de fato, precisamos experimentar na meditação o significado da vacuidade."

Em capítulos anteriores, vimos como a renúncia é simbolizada pela flor de lótus e o bodhichitta, por uma almofada em forma de lua (cor de prata). O surgimento dependente ou vacuidade é simbolizado por uma almofada em forma de sol (cor de ouro), sobre a qual as imagens dos Budas estão, muitas vezes, sentadas. Na ordem, o Buda desperto senta-se em uma almofada de sol, sobre uma almofada de lua, sobre uma flor de lótus.

Assim como o lótus é uma metáfora para nossa habilidade de atingir a transcendência, apesar do lodo em que estamos enraizados, e a almofada de lua simboliza a serena beleza de bodhichitta, a almofada de sol equivale à radiância que vivenciamos quando compreendemos o surgimento dependente em um nível não conceitual.

"Lótus, lua e sol" são imagens frequentemente usadas para descrever o caminho budista.

Anteriormente, olhamos para a experiência de estar apaixonado. Vimos como nenhum romance da *Harlequin**, nenhuma canção popular piegas ou nenhuma "confeitaria" de Hollywood pode, de algum modo, se equiparar ao sentimento real de estar apaixonado.

O mesmo ocorre com o surgimento dependente. Quantidade alguma de conjeturas e hipóteses pode substituir a experiência real. Uma vez que essa experiência, objetivo último do Budismo, encontra-se além de qualquer coisa que nós, seres humanos, somos capazes de imaginar, além dos conceitos, além das palavras, de que maneira iremos atingi-la?

Por mais que eu quisesse escrever a partir da experiência pessoal, como quase todos os praticantes tenho que confiar na sabedoria dos praticantes de meditação mais avançados. Eles nos dizem que, antes de qualquer experiên-

---

* *Harlequin Romance Report*, publicação americana dedicada às interações entre homens e mulheres do mundo todo. (N. da T.)

cia direta, temos que estar bem familiarizados com o conceito de surgimento dependente. Se nos inteirarmos dessa ideia, se nos lembrarmos durante o dia inteiro que tudo o que experimentamos é meramente o surgimento dependente, aos poucos a nossa percepção de nós mesmos e do mundo a nossa volta começarão a mudar.

O método de duas fases

Um método do qual eu particularmente gosto combina o lembrete de bodhichitta e o surgimento dependente em uma poderosa técnica de duplo impacto. A técnica é extremamente flexível e pode ser adaptada a uma grande variedade de situações. É também bastante rápida para ser usada por pessoas ocupadas, bem literalmente desde o momento em que você acorda até o momento de ir dormir.

De manhã cedo, a primeira coisa que faço, quando entro no chuveiro e a água quente explode em meu rosto, é pensar: "Por esse método de purificação, que eu e todos os seres rapidamente possamos atingir a iluminação." Esse pensamento é seguido pelo lembrete: "Sou meramente um surgimento dependente. O ato de tomar banho é meramente um surgimento dependente. Todas as coisas são meramente surgimentos dependentes."

Minutos depois, o momento de tomar o primeiro gole do café da manhã é uma oportunidade de dedicar um ato de renascimento para o benefício de todos os seres, ao passo que, mais uma vez, lembramos a verdadeira natureza do café, do eu e de todas as outras coisas.

No capítulo anterior, examinamos como podemos transformar atividades mundanas em transcendentes se lembrarmos da motivação de bodhichitta. Ao lembrar igualmente do surgimento dependente, essa prática se torna incomensuravelmente mais benéfica, por se contrapor à visão equivocada da realidade que tivemos desde que nascemos.

Podemos aplicar o método de duplo impacto não apenas a situações de generosidade, paciência e restrição ética, mas a qualquer atividade comum. Ao escovar os dentes. Ir para a academia. Postar uma carta. Qualquer situação que se apresente, temos os recursos para transformá-la num passo além, na direção da nossa iluminação.

Você pode estar se perguntando: "Será que isso tudo não é meio complicado? A vida já não é bem movimentada, para termos ainda que pensar em todas essas coisas?"

Entretanto, se formos honestos, iremos admitir que a maior parte das coisas que passam por nossa mente nessas ocasiões contribui pouco, se é que com alguma coisa, para o nosso bem-estar. Por que não substituir as nossas divagações fragmentadas costumeiras por algo mais útil? Em algumas ocasiões, quando estivermos com pressa, podemos não ter tempo para uma prática extensa. Mas deveríamos tentar usar outras ocasiões como oportunidades para uma minianálise.

Por exemplo, quando estiver a caminho do trabalho, em vez de escutar algum programa de rádio inexpressivo no carro, uma alternativa mais benéfica, em termos kármicos, seria pensar: "Por esse ato de ir ao trabalho para ganhar a vida, para sustentar a mim mesmo e aqueles que dependem de mim enquanto pratico o Dharma, que todos os seres possam estar livres do sofrimento e rapidamente atingir a iluminação.

"Ao mesmo tempo, a realidade é que eu, a empresa para a qual trabalho e o trabalho que faço são meramente surgimentos dependentes. Não há nenhuma natureza inerente em nada disso. Todos nós dependemos de causas, partes e imputações mentais. Não temos nenhuma existência à parte dessas coisas.

"Portanto, eu vou relaxar! Não serei tragado pela falácia do samsara! Reconheço que existo apenas como parte de um universo ilimitado e interdependente. E sendo assim, que melhor dedicação poderia haver, de quaisquer méritos acumulados a partir do meu trabalho, do que para a causa da iluminação de todos os seres vivos, inclusive eu mesmo?"

Talvez ocorra a você o pensamento de que, embora esse tipo de prática possa ser útil de uma perspectiva do Dharma, o que dizer do seu impacto em relação a outras coisas? Se eu ficar andando de lá para cá pensando o tempo todo em bodhichitta e surgimento dependente, não vou começar a me perder no terreno da fantasia? Não vou perder minha capacidade competitiva? Será que meu desempenho não vai piorar?

Com efeito, a realidade sobre a qual temos tanto domínio é apenas uma ilusão; na verdade, mal estamos começando a adquirir algum domínio sobre a verdadeira realidade! Mas, independentemente disso, a experiência de quase todos os praticantes que conheço tem sido um melhor desempenho no mundo e não o contrário.

Como aprendemos com o sr. *Piña Colada* num capítulo anterior do livro, um certo nível de não apego é muito útil em nosso trabalho. Se quisermos seguir em frente, ganhar dinheiro, ou funcionar com eficácia, provavelmente nossas chances aumentarão se fizermos isso de um modo não emocional e objetivo. Se formos pessoas calmas, em paz com o nosso "eu", que não existe por si próprio, não apenas seremos capazes de ter mais prazer com o processo, mas também conseguiremos ter uma perspectiva mais ampla. E também é verdade que as pessoas são atraídas por quem é calmo, tem princípios éticos e consegue encontrar em seu coração uma resposta compassiva.

Pessoas ocupadas como nós costumam pensar muito. Fazemos isso em demasia. Familiarizar nossas correntes mentais muito congestionadas com o conceito de surgimento dependente é uma boa maneira analítica de efetuar mudanças. Mas o complemento disso é um método experimental que podemos realizar por meio da meditação.

Técnica de meditação número 4: Mahamudra
O método de meditação mahamudra requer nossa própria mente como objeto de meditação. Esse é um tema profundo, sobre o qual foram escritos livros inteiros e esse método, idealmente, deveria ser praticado sob a direção de um professor experiente.

Não obstante, até mesmo uma experiência bastante superficial de mahamudra pode ser uma maneira proveitosa de tornar reais os conceitos descritos neste capítulo:

◇ Adote a postura de meditação dos sete pontos.
◇ Pratique a meditação de contar a respiração para acalmar a mente. Tome um cuidado especial para focar toda a sua atenção na sensação da respiração, à medida que o ar entra e sai de suas narinas.
◇ Depois de a mente ter se acalmado um pouco mais, mude o foco de sua atenção para a própria mente.
◇ Quando os pensamentos, inevitavelmente, surgirem, evite ficar enredado neles. Pense apenas: "Um pensamento sobre meu saldo bancário acabou de surgir" e abra mão do pensamento. É surpreendente como nossos pensamentos desaparecem rapidamente quando não lhes damos força. Mas isso vai contra a maior parte do nosso comportamento mental costumeiro, que é se deixar enredar por abstrações.
◇ Entre o surgimento dos pensamentos, concentre-se na quietude espaçosa de sua mente. Isso é mais ou menos como olhar para o céu expansivo, depois que nuvens escuras se afastaram. Veja quanto tempo você pode ficar apenas com essa maravilhosa e distinta claridade.
◇ À medida que a sua concentração melhora com a prática, você percebe que surgem cada vez menos pensamentos e, cada vez mais, a ausência de pensamentos. O tom da sua meditação se tornará mais quieto e radiante.
◇ Com muita frequência, uma má sessão seguirá uma boa. Não se preocupe. No final de uma sessão ruim console-se com o fato de que reconhecer

a turbulência de sua mente é um sinal de que você, ao menos, estava atento à ela.

Esses são os princípios básicos do mahamudra. Quando entrar em contato com esse método de meditação, você poderá muito bem se sentir como o sobrevivente de um naufrágio, em meio a um oceano turbulento; eu certamente me sinto assim, às vezes. Mas um método de meditação que começa sendo muito difícil pode, com persistência, se tornar uma fonte de enorme calma. Em vez de perturbação, podemos sentir algo da ilimitada radiância de nossa mente primordial. Na verdade, o final de uma sessão pode causar desapontamento. São essas pequenas vitórias que nos mantém em movimento até nosso objetivo final.

Em louvor do surgimento dependente

Saiba que todas as manifestações são como um sonho;
Projeções ilusórias de sua mente.
Sem se apegar a nada, além de todos os conceitos,
Descanse na sabedoria da pura consciência.

Tsele Natsok Rangdrol

O meu professor do Dharma, Les Sheehy, tem um jeito particularmente impactante de fazer compreender a mensagem do surgimento dependente. Sentado em seu trono de mestre, uma plataforma levemente erguida, próxima a uma estátua do Buda, na frente da sala, ele apanhava uma flor de um dos arranjos de flores vívidas e abundantes, feitos pelos alunos, como oferendas do altar.

"Isto é uma flor?", perguntava à classe, obtendo a concordância de todos.

A seguir, removendo uma única pétala, ele a ergueria no ar. "Isto é uma flor?"

Diante do solene abano negativo das cabeças, ele removia outra pétala e a segurava no ar. "Isto é uma flor?"

Uma a uma, ele removeria cada pétala, estabelecendo que, de fato, não era uma flor.

Segurando o talo desprovido de pétalas, ele perguntava: "Isto é uma flor?". "Não? Claro que não! É uma flor apenas quando possui todas as pétalas. A flor existe apenas em dependência de suas partes. Não existe um ser-flor que permaneça quando as partes são separadas. Acontece o mesmo com você e comigo. Temos que superar essa ideia de que existe algum 'eu' separado, independente, autoexistente, que tem todos os tipos de características. Um 'eu' que exista independentemente de suas partes. Isso não existe. Não poderia existir. Nunca existiu. Todos somos meramente surgimentos dependentes."

Os ensinamentos dharma de Les em geral, e aqueles sobre o surgimento dependente em particular, assumiriam uma importância especial depois do meu retorno para Perth, de Nova York. Apesar do choque da experiência de 11 de Setembro, eu voltei com grandes expectativas de que meu terceiro romance, *Expiry Date*, seria comprado por um editor americano. Tanto meu agente como meu editor em Londres estavam entusiasmados com essa perspectiva, bem como o meu agente de Nova York. O tema certamente parecia adequado para a ocasião. Eu tinha uma sensação boa acerca do livro, que parecia muito apropriado, dado o interesse, que crescia rapidamente, pelas ciências da vida.

Localizado no mundo da biotecnologia, a questão central "E se...?" em *Expiry Date* era: "E se o nosso índice de envelhecimento pudesse ser reduzido em 20 ou 30%? E se pudéssemos, sem esforço, acrescentar trinta anos a mais em nosso período esperado de vida?"

A busca pelo elixir da longa vida é tão antiga quanto a humanidade, mas com todas as descobertas científicas desde o Projeto do Genoma Humano, conceitos que apenas existiam na ficção agora estão se tornando uma possibilidade real. Como eu esperava que tudo isso induzisse uma empatia nos editores de livros de Nova York, fiquei surpreso pela duração do tempo que tudo parecia levar. Sempre me fizeram acreditar que as coisas em Nova York aconteciam muito mais rapidamente do que em Londres. E por mais que estivesse acostumado com o jogo da espera, eu ficava, alternativamente, desapontado, depois resignado, enquanto uma semana se seguia à outra e eu não ouvia nada do meu agente. Mergulhei em meu trabalho de RP; além disso, dei os toques finais ao esboço da nova história que eu estava escrevendo, *The Evil Within*. Dessa vez, o contexto para o *thriller* era os hormônios de crescimento na carne. Como é possível, eu especulo, que os seres humanos ingiram grandes quantidades de carne animal, tratadas com drogas, sem que os hormônios tenham um efeito neles também? Certamente os hormônios devem causar um impacto extra na cadeia alimentar.

Uma curta pesquisa rapidamente revelou que era isso o que acontecia. Mais chocante ainda foi a descoberta de que um dos hormônios de crescimento mais amplamente utilizados na América foi banido da Europa, onde é considerado carcinógeno.

Uma cadeia fictícia de *fast-food*, Texas Sheriff, proporciona o contexto para *The Evil Within*. Valendo-me de todas as lições aprendidas a partir dos meus três primeiros romances, eu compus um *thriller* contemporâneo, com a expectativa de que ele encontrasse ampla ressonância dos dois lados do Atlântico. E embora ainda esperasse por notícias de Nova York, fiquei especialmente contente quando o meu agente de Londres, para quem eu havia enviado um esboço de *The Evil Within*, respondeu com entusiasmo.

Redescobrindo a Primeira Nobre Verdade

No meu aniversário, em fevereiro de 2002, Janmarie me levou para o luxuoso Empire Retreat*, em Margaret River. Foi extremamente relaxante. Passamos diversos dias visitando as vinícolas locais e fazendo as refeições em seus restaurantes elegantes, mas informais. Ao anoitecer, nós nos púnhamos a caminho da região florestal e observávamos os dorsos cor de tijolo dos cangurus quando eles saltavam no escuro, ou caminhávamos ao longo da praia, sentindo a areia sob os nossos pés descalços, enquanto em nossos tornozelos sentíamos a espuma das ondas que quebravam na praia.

Foi tarde da noite, no dia em que dirigíamos de volta para Perth, que recebi um categórico lembrete da Primeira Nobre Verdade. Aguardava-me um e-mail de Nova York, que anunciava a ocorrência de diversas recusas em relação a *Expiry Date*. Como o mundo editorial de Nova York ainda enfrentava as consequências de 11 de Setembro, não era o momento certo para continuar a fazer o marketing da história. Em suma, tão cedo não haveria nenhuma venda nos Estados Unidos. O que significava que não haveria nem a possibilidade de um acordo em Hollywood e o impulso que isso proporcionaria. As coisas em Nova York estavam estagnadas e parecia não haver nada que eu pudesse fazer a esse respeito.

Mas isso foi apenas o começo. Um fax muito mais letal chegou de Londres. Minha editora havia acabado de ler o primeiro esboço de *The Evil Within* e, ao contrário do que ocorreu com meus trabalhos anteriores, não conseguiu encontrar nada que o recomendasse. Ela criticou

---

* Empire Retreat é um spa luxuoso na região vinícola de Margaret River, Austrália. (N.da T.)

duramente os personagens e parecia achar que o enredo não tinha salvação. Ela prosseguia dizendo que as vendas recentes dos meus livros haviam sido insatisfatórias e, em resumo, sugeria que eu procurasse um outro editor.

A partir dessa única comunicação, eu soube que não haveria mais publicidade em minha carreira de escritor de *thrillers*. Foi o fim da conversa tão alardeada pela editora sobre a "estratégia de longo prazo". Foi o fim de todo o apoio na construção da imagem que eu receberia de um autor promissor. A brochura do meu segundo livro mal havia sido publicada e eu já estava sendo despedido.

Essa notícia chocante foi mais desconcertante à luz da conversa mais recente tida com a minha editora, apenas alguns meses antes. Nessa ocasião, ela não só me garantiu que as vendas dos meus livros eram "sólidas", mas também explicou que meus editores estavam confiantes em *Expiry Date*, a ponto de planejar lançá-lo como um título isolado e não em associação com a brochura de *Pure Deception*. Como o mundo poderia ter mudado tanto em tão pouco tempo? Por que não disseram nada para mim e para meu agente?

Minha reação instantânea foi me sentir amargurado e traído. Uma reversão tão grande da tendência anterior era extremamente desconcertante. Mais do que isso, assim que eu li o fax, soube que haveria pouca promoção adicional dos meus livros. O pior de tudo, apesar da excitação que cercava o *Expiry Date*, o romance estava fadado ao fracasso desde o início. Não haveria publicidade. Não haveria resenhas. Nenhuma promoção de qualquer tipo. As chances eram de que um pequeno número de pessoas descobriria a sua existência. No evento, as coisas se revelaram piores do que eu imaginava. Não recebi um e-mail sequer para explicar a descontinuação, posteriormente naquele ano, da edição em capa dura; assim, *Expiry Date* passou para o mercado de livros num amplo formato de brochura, praticamente despercebido.

Leitores leais que entraram em contato comigo, por meio do meu site, foram uma grata fonte de encorajamento, com a sua recepção entusiástica de *Expiry Date*, e a sua procura de exemplares do livro. Mas a realidade competitiva do mercado de livros é tal que, a menos que os livros do novo autor sejam fortemente promovidos, eles nunca serão percebidos em meio ao alarido dos *best-sellers* conceituados. Sem o empenho de um editor e uma campanha eficaz de marketing, um autor está destinado a permanecer uma voz no deserto.

Uma realidade alternativa

Enquanto eu tentava aprender a conviver com essa situação adversa, não pude deixar de reconhecer que duas interpretações muito diferentes poderiam ser aplicadas ao que estava acontecendo. Se eu quisesse, poderia encarar essa inversão como uma catástrofe pessoal, um indício de que a carreira escolhida havia terminado num fracasso espetacular. Eu poderia ter considerado isso como azar, conduta desonesta, o efeito recessivo no mercado de livros causado pelo acontecimento de 11 de Setembro e inúmeras outras coisas.

Ou eu poderia considerar isso como o estado perfeitamente normal das coisas no samsara, destituídas de qualquer significação além daquela que eu escolhesse dar a elas.

A Primeira Nobre Verdade do Buda, de que a natureza do samsara é a insatisfação, era um ensinamento sobre o qual eu nunca antes senti tamanha certeza! E embora fosse fácil atribuir a culpa do meu sofrimento a todo tipo de circunstâncias exteriores, a causa verdadeira, como o Buda ensinou em sua Segunda Nobre Verdade, era o meu próprio apego.

Movido por uma verdadeira superstição ocidental, eu havia começado a remodelar meu mundo exterior, acreditando que minha felicidade dependia dele. Em vez de adquirir um par de sapatos, eu havia tentado cobrir o mundo com couro. É claro que não consegui. Mesmo o meu objetivo arduamente conquistado de ter os meus romances publicados, não havia me trazido a felicidade que eu esperava. De maneira rápida, e sem qualquer pensamento consciente de minha parte, "Eu serei feliz quando tiver meus romances publicados" de algum modo passou a ser "Eu serei feliz quando virar um *best-seller*". Sem dúvida, se eu tivesse me tornado um autor de *best-seller*, teria passado a acreditar que não poderia me sentir realmente feliz até ocupar o primeiro lugar, e estourar no mercado americano, e ver meus livros transformados em filmes de sucesso em Hollywood, e... e... e...!

O ressentimento que eu sentia por terem me puxado o tapete de sob os pés apenas mostrava o quanto eu ainda acreditava no mesmo tipo iludido de receita para o sucesso. Sem dúvida, eu teria aprendido a lição? Quantos malogros samsáricos ainda seriam necessários para que eu percebesse que a causa dos meus problemas não eram os ingredientes com os quais eu trabalhava, mas a própria receita?

Ao menos eu tinha alguns recursos mentais, que agora revelavam um poder extraordinário de me ajudar a superar meu desapontamento; o mais importante deles era o surgimento dependente. Lembrando que nenhum acontecimento tem qualquer significado intrínseco e que sua importância é puramente um produto da minha própria interpretação, eu sabia que não tinha que interpretar o que aconteceu como um desastre fundamental em minha carreira, ou profundo fracasso pessoal, ou causa de um sofrimento interminável e compacto. Eu poderia interpretá-lo de qualquer maneira que escolhesse. Sentia-me aliviado de não ter que lidar mais com pessoas em Londres, cuja inconstância havia sido evidente para mim, desde o início. Eu podia ficar contente por ter me libertado do isolamento imposto pela atividade de escrever ficção. Dada a vaidade colossal de algumas das pessoas com quem tive que lidar, tudo isso podia ser interpretado como uma grande sensação de alívio.

Independentemente disso, quem era esse "eu" sobre o qual eu me preocupava tanto? O que era essa entidade autônoma e que existe por si só, cujos sentimentos precisavam ser tão protegidos? O que era a profissão de escritor que parecia ter tanta importância, se não a projeção de uma projeção, diferente da projeção de outras pessoas e de interesse consideravelmente menor para elas?

Encare a realidade! Anime-se! Comece a fazer aqueles sapatos!

Algum tempo depois do fax dos meus editores, eu discuti com meu guru Vajra, líder do Tibetan Buddhist Society, Geshe Loden. Eu deveria me dar ao trabalho de pensar em escrever no futuro, perguntei, ou devia esquecer toda essa história de publicações e editoras?

Eu sabia que se ele pensasse que eu estava perdendo meu tempo, ele me diria para eu me concentrar em outras atividades. E creio que esse julgamento é informado por muito mais do que as capacidades mundanas normais. Sua resposta verbal foi tipicamente discreta: se eu gostava de escrever, disse ele, sem dúvida deveria continuar a pensar em novas ideias.

Mas foi a sua mensagem não verbal, que senti enquanto estava com ele, que causou o maior impacto. Uma compreensão sincera de que escrever ou não um outro livro não era *realmente importante*. O que importava era muito mais profundo e expansivo. Por que me confundir com os fugazes acontecimentos de um único fluxo mental durante um período de vida específico? Sem dúvida, deveria haver uma perspectiva maior e mais importante. Uma visão de maior alcance, além das preocupações transitórias do momento. Uma visão que, em vez de ficar presa num falso senso de Eu, também abrangesse o bem-estar de todos os outros.

Eu poderia me tornar infeliz, dentro do minúsculo espaço do meu Eu, ou poderia relaxar em um reconhecimento muito maior da realidade: ilimitada, pura, interconectada, bem-aventurada.

Uma história, dois finais

Meus *thrillers*, fiéis ao gênero, sempre terminam bem. Injustiças certamente ocorrem aos bons sujeitos. Não há maneira de o herói e a heroína saírem incólumes das possibilidades crescentes de situações ameaçadoras que enfrentam. Mas, no fim das contas, haverá uma vitória moral. O bem triunfará sobre o mal. Os perversos ouvirão um "hasta la vista, baby". Podemos ir dormir contentes à noite, certos de que, por mais que os vilões possam dominar a ação no decorrer do drama, de alguma maneira, no final, eles terão o seu merecido castigo.

Sem dúvida, a vida real não é tão ordenada assim. Em relação às minhas próprias experiências, eu queria ter terminado essa história com uma derradeira virada inesperada, na qual a vitória seria arrebatada da baba espumosa e das mandíbulas ensanguentadas da derrota. Ai de mim, não aconteceu nenhum telefonema no meio da noite, do meu editor de Nova York, dizendo que, por acaso, ele tinha encontrado um exemplar surrado de um dos meus livros, socado dentro da bolsa do assento do avião, à sua frente, e que não conseguiu dormir até fechar um negócio milionário. O mesmo em relação a um produtor de Hollywood, que procurava um *thriller* contemporâneo espetacular e que, quando encontrou uma de minhas histórias, a consumiu avidamente e de uma só vez. Não se preocupe. As minhas fantasias samsáricas são tão vívidas como a de qualquer outra pessoa!

De uma perspectiva de cobrir-o-mundo-com-couro, essa é uma história que termina num fracasso. Mas ficar por aqui seria perder completamente o verdadeiro sentido disso. Porque quando olhamos de uma perspectiva de fazer-um-par-de-sapatos, configura-se um cenário um pouco diferente.

Antes de eu estudar o Dharma, estava condenado a viver segundo as regras do materialismo supersticioso. Embora meu modo pré-programado permaneça assim, pelo menos agora eu tenho algum reconhecimento de que o que está lá fora não equivale ao que está dentro. Isso em si já marca uma profunda mudança.

Há também o conhecimento maravilhoso do surgimento dependente. A descoberta de que você está construindo a coisa toda – você mesmo, seus sonhos, sua reputação, sua vida – pode ser uma experiência chocante para algumas pessoas. Para alguém como eu, predisposto a me levar demasiadamente a sério no que diz respeito a minha própria felicidade, isso pode causar um enorme alívio. Tantas das pressões e expectativas, com que fazemos mal a nós mesmos, surgem diretamente de nossa compreensão defeituosa do modo como as coisas existem. Se corrigirmos essa compreensão, mesmo em pequena medida, a vida imediatamente torna-se mais suave e mais expansiva.

Os sapatos que estou modelando para mim mesmo ainda estão finos e deixa passar os espinhos. Mas eu sei que, por meio da atenção plena, bodhichitta e o surgimento dependente, esses sapatos estão ficando cada vez mais grossos e robustos.

E o que é mais importante? Procurar um sucesso que constantemente estará à mercê de acontecimentos além do nosso controle? Ou progredir até um estado de contentamento que se encontra além de ameaças, por ser fundado em uma compreensão mais correta da realidade?

10
SEGUINDO UM PROFESSOR

*A realização das aspirações mais elevadas de um buscador não depende
tanto de acumular conhecimentos, mas sim de superar os obstáculos mentais e obter
um estado interior de clareza a respeito da verdade. Para isso, a orientação de um professor
experiente é uma necessidade prática.*

Lobsang P. Lhalunga, *The Life of Milarepa*

No final das apresentações formais aos clientes, em meu papel de consultor na área de comunicações, eu geralmente tenho uma seção chamada de "Próximos Passos". Se o cliente concorda com meu plano de ação e não se alarmar excessivamente com os meus honorários, discutimos o que deve acontecer em seguida.

Os "Próximos Passos" geralmente significam os "Primeiros Passos". Depois de concordar a respeito da direção a seguir, decidimos a maneira de iniciar a jornada.

Na compreensão do Dharma, nosso primeiro passo é claramente identificado, o de encontrar um professor adequado. Por esse motivo, isso é tradicionalmente ressaltado nos ensinamentos do Lam Rim desde o início. Entretanto, eu mantive este assunto para o final. Por quê? Porque muitos de nós, no Ocidente, temos suspeitas bem fundamentadas de qualquer coisa que tenha sabor de cultos, extravagâncias e vigarices, particularmente quando aplicadas ao desenvolvimento pessoal. Já vimos demasiados líderes de cultos que são proprietários de vários Rolls-Royce, ou que levam seus seguidores ao suicídio em massa na floresta sul-americana, ou à autoimolação em Waco. A ideia de entregar aos cuidados de alguém algo tão importante como a nossa mente não é uma coisa que cogitaríamos fazer sem saber exatamente do que se trata.

O Budismo concorda com isso. Há critérios cuidadosamente formulados a se levar em consideração quando escolhemos um professor em potencial e somos advertidos a examinar minuciosamente o nosso potencial candidato a guru por um período de até doze anos, antes de assumir qualquer compromisso. Não se trata de um impulso de comprar. O nosso objetivo é importante demais para se perder tempo com impostores ou charlatões. Por outro lado, não deveríamos ter qualquer ilusão de que, sem um professor adequado, nosso progresso deixe de ser extremamente limitado. Nas palavras do Geshe Loden: "Temos de tomar cuidado para não entregar a corda amarrada a esse anel que atravessa nosso nariz a qualquer um e ter a certeza de que nos entregamos aos cuidados de um guru plenamente qualificado, com as dez qualidades."

A palavra guru pode ser traduzida como "amigo espiritual". Mas pelo fato de "guru" ter adquirido conotações tão negativas, prefiro a palavra "professor" que é, em seu melhor sentido, uma descrição precisa do objetivo a ser atingido.

Quase todos nós podemos lembrar pelo menos de um professor em nossa vida escolar que tenha feito uma diferença real e positiva para nós. Alguém que tenha despertado nosso interesse por literatura, ou ciência, ou história ou esporte. Alguém que admirávamos e talvez quiséssemos imitar, em parte professor, em parte amigo, em parte psicólogo, que sabia exatamente como despertar nosso interesse e nos motivar para um esforço máximo de atingir nosso melhor desempenho. Esse é o papel do professor no Budismo.

Por ser uma psicologia baseada na prática, é conveniente não apenas ter alguém que nos oriente no domínio de cada ação de corpo, fala e mente; será produtivo se, além disso, trabalharmos com alguém que nos conheça o suficiente para entender nossas próprias dificuldades e limitações, que nos encoraje quando caímos em depressão, que nos guie através dos obstáculos encontrados. Alguém, em suma, que possa transmitir os ensinamentos do Buda de uma maneira que faça sentido para nós, enquanto indivíduos. Citando Sakya Pandit:

> Embora os raios de sol sejam muito quentes,
> Não haverá fogo sem uma lente;
> Do mesmo modo, as bênçãos dos Budas
> Não podem ser recebidas sem um guru.

A aprendizagem por meio dos livros é apropriada e desempenha uma parte importante em nossa jornada interior. Mas tem suas limitações. Os aspirantes a pianistas podem descobrir, por si mesmos, como tocar "Ciranda, cirandinha" sem o auxílio de um professor de piano. Mas o que dizer de um concerto de Mozart ou um *scherzo* de Chopin? Conceitos rudimentares podem ser absorvidos com facilidade, mas e aqueles mais complexos?

E se tivermos no início uma compreensão equivocada de um ensinamento essencial, mas sutil, e descobrirmos que isso criou limitações que nos levarão a recapitular posteriormente o que aprendemos? Não podemos nos tornar engenheiros, cirurgiões ou arquitetos sem professores. Como poderemos nos tornar Budas sem eles?

Sutra e tantra

Os ensinamentos do Lam Rim neste livro pertencem à tradição de sutras do Budismo tibetano. Para os alunos que tenham uma boa compreensão do Lam Rim, e que tiveram a sorte de receber iniciações apropriadas, existe também uma tradição de tantra, na qual o papel do professor se torna ainda mais importante.

Neste ponto, eu gostaria de mencionar as propagandas do chamado sexo tântrico, que com frequência aparecem nas revistas de Nova Era. "Então você estuda o tantra, hein?", pergunta um amigo, com um sorriso próprio de quem sabe de algo. "O que exatamente acontece naqueles retiros de final de semana?"

Vale a pena dizer, para que fique registrado, que nada relacionado a sexo tântrico, que se vê anunciado por aí, tem alguma ligação com o Budismo tibetano. Mas pode se fazer passar por isso. Os defensores do sexo tântrico podem prometer tornar o sexo sagrado, seja lá o que isso signifique. Mas a ideia de que pessoas comuns possam se aproximar da iluminação por meio do sexo é uma bobagem ilusória e baseada no apego. Os seminários sobre sexo tântrico podem muito bem melhorar sua vida amorosa, mas não têm nada a ver com o desenvolvimento mental, e, quando acreditamos no contrário, corremos o risco de ficarmos ainda mais iludidos!

A tradição verdadeira de tantra no Budismo tibetano recebe diversos sinônimos, um dos quais é "secreto". A privacidade intensa que cerca essa prática é estritamente observada, e por esse motivo nunca veríamos um anúncio sobre ela numa revista. A razão para esse sigilo tem a ver com a garantia de que os iniciados recebam os ensinamentos corretos relativos a visualizações e cantos altamente complexos. Entretanto, nada disso envolve tirar as nossas roupas!

As qualidades de um professor

As qualidades a serem procuradas num professor perfeito foram estabelecidas há muito tempo. Segundo Maitreya em *Ornament for the Mahayana*

Sutras, a primeira coisa que deveríamos procurar é a "moralidade pura". Uma coisa surpreendente para mim é a ingenuidade de alguns entusiásticos buscadores da verdade, que procuram ashrams ou outras comunidades dirigidas por impostores carismáticos que, de maneira previsível, fogem com o dinheiro dos seus discípulos e ressurgem em outras partes do mundo com novas identidades. Um famoso televangelista* costumava seduzir suas seguidoras com a fala persuasiva e falsa: "Ajude o pastor a ajudar as ovelhas." Esse versículo não aparece em nenhuma parte da Bíblia, mas era justificativa suficiente para que algumas devotas desmaiassem em seus braços.

Parte da garantia de que professores em potencial façam o que pregam é julgar suas credenciais de praticantes de meditação. Embora não haja meio de sabermos o que se passa na mente de um professor em qualquer momento dado, o seu comportamento fora da prática de meditação formal deveria dar algumas pistas. Ele ou ela parece ser uma pessoa cuja mente é "pacificada e sem distrações, por meio da prática de meditação?" Se um professor se revela rabugento, presunçoso, desorganizado ou incapaz de completar uma tarefa, o que isso nos diz em relação à sua atitude de concentração unidirecional ou a sua compreensão do surgimento dependente?

Além das qualidades já mencionadas, é quase desnecessário dizer que o nosso professor escolhido não apenas deveria ser um conhecedor do Dharma, mas também um comunicador hábil e entusiasta. Durante os anos em que explorei o Budismo, fui a diversas palestras, além dos meus centros de dharma regulares, e sempre me impressionou a ampla variedade de abordagens ao ensinamento. Isso reflete, até certo ponto, as diferentes escolas dentro do Budismo tibetano, cada qual com seu modo de ressaltar certos pontos. Mas essa variação reflete muito mais os próprios indivíduos, suas diversas personalidades, e os diferentes estágios em que se encontram no caminho para a iluminação.

Em minha vida escolar, quando tinha 15 anos, lembro-me do diretor da escola anunciando, orgulhoso, na primeira assembleia do ano, que o dr. Matthews se reuniria ao corpo docente e seria chefe do Departamento de Matemática. O dr. Matthews era o único PhD do corpo docente. Um homem alto, com um ar de asceta, ele havia estudado em diversas universidades da Ivy League** e era amplamente reconhecido como um gênio em matemática.

---

* Televangelismo é o uso da televisão para comunicar a fé cristã. A palavra, amálgama de "televisão" e "evangelismo", foi cunhada pela revista *Time*. (N. da T.)
** "Ivy League" é um grupo específico de oito instituições acadêmicas: Brown, Columbia, Cornell, Dartmouth, Harvard, University of Pennsylvania, Princeton e Yale. (N. da T.)

Mais tarde, naquele dia, minha classe soube que ele daria aulas de matemática para nós naquele ano. Éramos um grupo de alunos inteligentes, mas agitados, com alguns dos alunos mais brilhantes daquele ano; se o dr. Matthews conseguisse manter a disciplina, grandes coisas eram esperadas de nós.

Desde o começo, os métodos de ensino do dr. Matthews foram uma fonte de infelicidade. Ele abordava cada tópico do currículo de maneira tão rápida que antes que tivéssemos dominado as equações de segundo grau, ele já passava para o cálculo avançado. Ele se desviava de qualquer tema dado para áreas relacionadas que ele considerava mais interessante. Ele compreendia a perspectiva mais ampla, como as coisas se encaixavam, mas a maioria de nós ainda lutava com as partes básicas. O pior de tudo era que quando tentávamos explicar nossas dificuldades, ele simplesmente não conseguia entender nossos problemas.

Na reunião dos membros da Associação de Pais e Professores, no final do ano, havia diversas faces ansiosas. O descontentamento dos alunos era uma coisa, mas a quantidade de reprovações era algo bem diferente; as mães e pais exigiam que se tomasse alguma medida.

No ano seguinte, nosso primeiro ano de exames, o sr. Fourie foi nomeado como nosso professor de matemática. Ao contrário do dr. Matthews, ele não era conhecido como dono de um grande intelecto e não tinha formação universitária, apenas um diploma de professor. Mas o que ele tinha era uma compreensão dos problemas que enfrentávamos, porque ele os havia enfrentado também. Ele sabia exatamente por que não estávamos avançando, uma vez que ele havia passado pela mesma experiência. Não apenas ele nos mostrou como superar as dificuldades, mas restabeleceu nossa confiança; se o sr. Fourie conseguia decifrar a matemática, nós também iríamos conseguir.

Nos corações dos centros de Dharma que se disseminam no Ocidente há muitos dr. Matthews e sr. Fouries. Todos eles servem a seu propósito. (Na verdade, o dr. Matthews foi admitido na universidade local onde era tão admirado; ele encontrou o seu próprio nível.) Eu participei de palestras proferidas por lamas visitantes de alta posição e saí desapontado e sem inspiração. Por outro lado, uma conversa casual com um budista amigo pode muitas vezes estimular uma linha de pensamento que me acompanha durante vários dias.

Nunca é demais ressaltar a necessidade de encontrar um professor com quem possamos nos relacionar, que fala a você no mesmo nível em que você se encontra no momento, e que não se deve ter pressa em observá-lo cuidadosamente. Nossa iluminação e a iluminação dos outros é o maior projeto de nossa vida. É algo que devemos elucidar.

As qualidades de um aluno

As qualidades de um aluno também foram há muito tempo estabelecidas no Budismo. Elas incluem a lista já esperada: concentração, aplicação, respeito pelo seu professor e pelo Dharma. Entre essas qualidades, consta também uma atitude questionadora, especificamente uma atitude que garanta que os ensinamentos que você recebe estão de acordo com o Dharma estabelecido.

Uma das críticas mais comuns que eu encontro em relação ao Budismo é a ideia de que ao seguir um professor específico, os praticantes de algum modo se permitem passar por uma lavagem cerebral. Visto de fora, é fácil perceber por que as pessoas podem pensar que os praticantes caem sob o feitiço de seu guru, dado seus esforços de executar as instruções.

Mas como mostram esses ensinamentos, não há lugar para a passividade por parte do aluno. Esse não é um processo de mão única, como assistir à TV. Ao contrário, os alunos se envolvem em uma atividade dinâmica, na qual estamos constantemente avaliando e questionando os ensinamentos, pensando na aplicação deles em nossa vida. Ao seguir um professor, os alunos do Dharma não estão abdicando de sua responsabilidade pelo seu próprio futuro e entregando-a para outra pessoa. É exatamente o oposto. Assim como os ocupantes de um campo de prisioneiros de guerra podem valorizar os conselhos de um engenheiro de túneis, ou assim como um grupo de exploradores perdidos tem muito o que aprender com um especialista em navegação, a atividade efetiva de escapar do samsara é algo que devemos empreender por nós mesmos e, é claro, pelos outros.

Confiando em nosso professor

Na condição de ocidentais vivendo em época de consumismo, estamos acostumados a trocar de carro, substituir nossos móveis e melhorar nosso emprego a cada dois anos. Algumas pessoas aplicam esse mesmo princípio a seus parceiros românticos. Seja qual for o nosso bem, sabemos que há uma versão melhor ainda. Mesmo se formos proprietários do melhor modelo de carro de nossa marca favorita, em apenas alguns anos ele se tornará o "modelo antigo".

É importante renunciar a essa atitude quando aceitamos alguém como professor. Ser um diletante do Dharma não é uma opção, se quisermos seriamente progredir. Lamas importantes podem visitar nosso país oferecendo iniciações espantosas. Podemos ter uma oportunidade de ouvir ensinamentos do próprio Dalai Lama. Embora isso tudo possa ser proveitoso, não devemos permitir que isso nos distraia demais da nossa relação principal com nosso professor. Passar rapidamente de um lama para outro, convencidos de que o novo lama tem uma sabedoria secreta superior ao último, é cair na armadilha de acreditar que nosso desenvolvimento é dependente daquilo que está lá fora. Ao contrário, é a sua própria mente que tem que fazer o esforço, e confiar em um professor que conheça as suas dificuldades pessoais e possa ajudar a superá-las tem um valor muito maior do que procurar soluções miraculosas em outros lamas, por maior posição que tenham.

Nas palavras do Geshe Potawa:

Não aceite muitos gurus sem análise,
Mas uma vez tendo aceitado alguém, respeite o seu professor.
Então, naturalmente no futuro, você não ficará sem professor.
O karma criado não será em vão!

Além de cultivar uma atitude correta de respeito para com nosso professor, somos também incentivados a nos dedicar por meio das ações. Especificamente, estas incluem oferecer coisas materiais, mostrar deferência / prestar serviços e praticar conforme instruções do nosso professor. Desses três, o mais importante é praticar conforme a instrução do nosso professor.

Como em todas as coisas, o Budismo nos incentiva a usar a sabedoria em nosso relacionamento com o nosso professor. Ao fazer oferendas materiais para nosso professor, é importante oferecer algo que seja apropriado. Antes de ter o primeiro contato com meu próprio guru Vajra, Geshe Loden, eu pesquisei o tipo de presente que deveria dar para ele. Fui aconselhado a escolher o produto que eu quisesse, com a condição de que fosse da melhor qualidade possível, dentro do seu gênero. Fiquei sabendo, igualmente, que o Geshe-la recicla todos os seus presentes. Conforme esperado, tendo chegado com uma caixa de chocolates belga, saí com uma lata de *cookies* Gourmet!

Embora a qualidade de um presente diga algo sobre as intenções de quem o oferece, é importante, também, fazer oferendas, por modestas que sejam, com boa vontade e disposição. Há uma história maravilhosa sobre um aluno do Geshe-la que um dia lhe ofereceu uma xícara de chá de um modo distraído, e o professor recusou. Momentos depois outro aluno apareceu e sugeriu fazer um chá para o professor. Dessa vez, o Geshe-la aceitou.

"Por que você não disse que queria uma xícara quando eu ofereci?", perguntou o primeiro aluno.

"Porque você não tinha realmente essa intenção!", respondeu ele.

Seguindo as instruções de nosso professor

E se nosso professor sugerir que devemos começar a converter nossos amigos ao Budismo? E se ele nos pedir para raspar a cabeça e adotar uma conduta mais religiosa? Conforme consta no *Vinaya Sutra*, "Se não estiver de acordo com o Dharma, faça o oposto!"

Embora o cultivo da fé em nosso professor seja importante, como já mencionado, não deve nunca se tratar de uma fé cega, nem deveria ser praticada à custa da sabedoria. O Lama Yeshe era famoso entre os que escutavam seus ensinamentos por aconselhar aos estudantes a "conferir". Era um de seus *slogans* mais usados.

Embora seja importante conferir as instruções de um professor, devemos também conferir a nossa mente, que é a fonte das qualidades que nós projetamos. Em tempos de dificuldades, em especial, precisamos perguntar a nós mesmos: "O quanto dessa projeção problemática está relacionada a meu professor e o quanto tem a ver comigo mesmo?"

As vantagens de um professor

Se for verdade que as vantagens de confiar num professor deveriam ser evidentes, de uma perspectiva de senso comum, o que dizer das implicações kármicas?

Quando escolhemos um professor, é-nos dito que, ao assumir um compromisso vitalício com nosso professor, estamos criando as causas kármicas para o florescimento de enormes benefícios em nosso futuro fluxo mental. Para começar, estamos criando a causa do encontro de um bom professor em nossas vidas futuras. De maneira semelhante, ao cultivar o respeito por ele não iremos cair nos reinos inferiores, mas passaremos rapidamente a atingir todos os nossos objetivos, tanto os mundanos como a iluminação.

Em *Essence of the Nectar Graduated Path**, é dito:

Em suma, por devoção ao guru, no presente
Você estará livre de estados desfavoráveis e

---

* Caminho Gradativo do Néctar. (N. da T.)

Atingirá os estados mais elevados de seres humanos e deuses.
Por fim, todo o sofrimento da existência cíclica chegará ao fim.
E você atingirá o estado excelente supremo.

Entretanto, ao quebrar nosso compromisso com nosso professor, não apenas criamos a causa de ausência de um guia desse porte no futuro, mas também colocamos o nosso futuro em perigo. Em particular, ao falar mal da pessoa que um dia adotamos como professor, criamos a causa para um imenso dano ao nosso progresso, condenando a nós mesmos a vidas inumeráveis em reinos inferiores onde o desenvolvimento mental não é sequer uma possibilidade.

Nosso professor: O fundamento de todas as realizações

Cultivar respeito e fé por outra pessoa parece uma ideia curiosa e antiquada no início do século XXI. Não vivemos em uma sociedade em que esses valores sejam grandemente honrados. Ao contrário, o ceticismo e a dúvida podem parecer instrumentos muito mais eficazes de sobrevivência. Por esse motivo, falar em servir ao próprio professor pode parecer estranho e até exótico. Esse tipo de coisa pode funcionar em culturas subservientes como o Tibete, podemos pensar, mas nós no Ocidente temos um enfoque bem mais avançado em relação às liberdades civis e de expressão. Subjugar as pessoas pelo terror é algo que não serve para nós!

Mas na condição de viajantes em um caminho de transformação interior, precisamos reconhecer que não saberíamos da existência desse caminho, e muito menos de como progredir ao longo dele mais rapidamente, não fosse pelos nossos professores.

Como dizem os textos, os Budas não podem eliminar o sofrimento de seres comuns pelo toque de suas mãos, ou lavar seus pecados com água. A maneira em que eles mais podem beneficiar os afortunados é mostrando-lhes o Dharma e guiando a sua prática. O Geshe Loden salienta: "Se procuramos ver quem está assumindo tal atividade hoje, descobriremos que não é ninguém além dos Gurus sagrados... Dizer que um Guru é uma pessoa comum significa que os Budas precisam da ajuda de pessoas comuns para guiar os outros na prática do Dharma. Isso seria como dizer que uma pessoa rica precisa da ajuda de um mendigo para fazer uma compra."

O modo como pensamos a respeito do nosso professor tem muito menos a ver com ele do que com a nossa própria mente. Como já vimos no capítulo sobre o surgimento dependente, não há nada de objetivo na realidade exterior; ao contrário, ela é uma projeção de nossa mente. Se nos encontramos desiludidos com nosso professor, talvez não seja o professor que precise ser mudado, mas a nossa mente.

A importância crucial que nosso professor tem em nosso destino futuro é resumida numa história maravilhosa sobre o pândita Naropa, um erudito da tradição Mahayana e seu igualmente famoso aluno Marpa. Quando chegava o fim do tempo que passaram juntos, uma noite, enquanto Marpa dormia, Naropa, que era um yogue extremamente realizado, projetou uma manifestação particular do Buda no céu, complementada por um séquito maravilhoso. A seguir, ele despertou Marpa, dizendo-lhe que o Buda estava no céu.

Ao ver que isso era verdade, Marpa ficou espantado. Naropa, então, testou seu aluno perguntando: "Você irá se prostrar para mim primeiro, ou para o Buda?"

Prostração é um modo tradicional de mostrar respeito na tradição monástica tibetana.

Marpa decidiu prostrar-se para o Buda, com base em que talvez ele só conseguisse vê-lo daquela vez, ao passo que poderia ver Naropa a qualquer momento que quisesse. Mas assim que ele fez isso, Naropa chamou sua atenção:

Antes do Guru, não há nem ao menos o nome "Buda".
Além disso, todos os Budas de mil éons surgem a partir dos Gurus.

Sem um professor, não há Dharma. Não temos a possibilidade de escapar do samsara. Até mesmo lidar com nossa vida diária fica muito mais difícil. Portanto, ao começarmos a seguir o caminho budista, encontrar um professor satisfatório é de fundamental importância.

Embora haja um número cada vez maior de centros de dharma nas cidades ocidentais, encontrar um professor com quem possamos nos relacionar e que represente a pura linhagem nem sempre é fácil. Como em todas as coisas. O Budismo nos incentiva a dar esse passo importante com bom-senso e cautela. Estar à procura de um guru-celebridade não deveria ser o nosso objetivo. De muito maior importância é a sabedoria de um coração compassivo.

Quando o aluno está pronto...

Você provavelmente já ouviu o antigo ditado: "Quando o aluno está pronto, o professor aparece". Isso certamente se revelou verdadeiro para mim, embora talvez seja mais verdadeiro dizer que o professor sempre esteve ali, eu apenas precisava querer encontrá-lo.

Ao falar com outros budistas, descobri que minha experiência reflete a deles. E além da disponibilidade surpreendente de um professor quando realmente necessário, eu deparei também com outro fenômeno interessante. Depois das aulas, descubro que ao conversar com outros alunos acerca de sua compreensão dos ensinamentos, eles muitas vezes oferecem interpretações muito diferentes das minhas. Não que estejam necessariamente em conflito com a minha compreensão, trata-se mais de uma questão de ênfase. As revelações que são realmente significativas para algumas pessoas podem não ser importantes para outras e vice-versa.

Existem histórias, não apenas sobre o Buda, mas sobre outros grandes professores, inclusive Pedro, o discípulo de Jesus, que falavam a grandes grupos multiculturais e todos ouviam o professor em sua própria língua. Podemos entender literalmente essas histórias. Mas no dia a dia, nossa experiência é semelhante: todos nós podemos estar recebendo os mesmos ensinamentos, mas cada um de nós ouvirá algo diferente.

O relacionamento entre um professor do dharma e seus alunos certamente não é uma relação comum. O que um aluno obtém do relacionamento tem tanto a ver com o grau do seu desenvolvimento no caminho e suas necessidades particulares como com o professor. Nesse sentido, o professor é menos um comunicador de ideias do que um facilitador, que nos ajuda a superar os obstáculos individuais em nosso fluxo mental específico.

Nosso professor ocupa um lugar especial em nossa vida, diferente dos ocupados por qualquer outra pessoa. Podemos ser amados por nossos parceiros, amigos e parentes, mas em nosso relacionamento com eles podemos confiar que eles estejam livres de subjetividade e interesse próprio? Um terapeuta pode oferecer um nível semelhante de objetividade, mas não seria comum que eles adotassem a perspectiva que vê além desse período de vida, com suas preocupações minúsculas.

Nosso professor, por outro lado, está principalmente interessado em nos ajudar a atingir uma felicidade duradoura de modo que nós, em troca, possamos dar essa felicidade a outros. Ele traz para o nosso relacionamento um panorama de possibilidades deslumbrantes e, ao fazer isso, a sua bondade é algo que nunca poderemos retribuir.

EPÍLOGO

O que é preciso para ser feliz? Para retomar o nosso ponto de partida original, os ensinamentos do Lam Rim oferecem instruções explícitas que são simples, diretas e esclarecedoras, mesmo que sempre fáceis de praticar. Em resumo, a verdadeira felicidade surge quando conseguimos mudar a nossa mente em vez de mudar o mundo à nossa volta, quando afrouxamos os laços do foco no eu o suficiente para nos importarmos mais com os outros. Segue-se o reconhecimento de que todos os fenômenos, incluindo nós mesmos, existem meramente como surgimentos dependentes. A renúncia, o bodhichitta e a sabedoria especial, o lótus, a lua, o sol, tudo isso dá a direção para a felicidade transcendente que é o destino de cada um de nós.

Mas muito antes de chegarmos perto disso, nosso objetivo último, ao viver com atenção plena enquanto somos orientados por um professor habilidoso e ao praticar a compaixão, aos poucos descobrimos que absolutamente não somos o que pensávamos que éramos. Podemos abrir mão de nossas convicções no eu, estreitas e limitadoras. Podemos abandonar nossas minúsculas preocupações. Tornamo-nos conscientes do nosso papel em um drama muito mais panorâmico, de nossa oportunidade verdadeiramente esplêndida, muito além dos confins do ser que geralmente chamamos de "eu".

De minha parte, mesmo que meus próprios passos ao longo do caminho do dharma tenham sido breves e experimentais, eu não gostaria de imaginar a vida sem esses preciosos ensinamentos. Por meio da meditação, eu acesso um reservatório de calma e objetividade do qual tiro proveito todos os dias. O surgimento dependente já me tornou mais resiliente em face das perturbações pessoais. Bodhichitta está me ajudando a abrir o meu coração.

Embora eu certamente não considere a mim mesmo algum tipo de bodhisattva, tive o enorme privilégio de conhecer pessoas que o são. Não pode haver maior tributo a uma tradição baseada na prática do que líderes como o Dalai Lama, o meu próprio guru Vajra, Geshe Loden, meu professor Les Sheehy e a monja ocidental Tenzin Palmo, para mencionar apenas alguns. Esses seres vivem com um radiante senso do imediato e com uma compaixão que é observável, às vezes palpável, e que pode ser bastante irresistível.

Uma nova edição, uma nova jornada

Escrevi a primeira edição de *Budismo para Pessoas Ocupadas* em 2003, inspirado principalmente por meu professor Les, que tem uma maneira de apresentar o Dharma muito direta, bem-humorada e atraente. Minha esperança era que, se eu pudesse fazer uma versão escrita do modo como Les ensina, eu estaria criando uma introdução ao Budismo realmente diferente dos inúmeros textos introdutórios disponíveis no mercado.

Fiquei encantado quando a equipe de editores da Allen & Unwin concordou.

Desde o início, *Budismo para Pessoas Ocupadas* foi uma experiência editorial diferente e animadora. Para começar, a minha editora segue o Budismo tibetano, o que significa que nós dois trouxemos ao projeto uma consciência de que tínhamos o potencial de conseguir muito mais do que a mera venda de livros. Além disso, quando a data de lançamento, em novembro de 2004, chegou e passou, eu não senti nenhuma das preocupações que sentia no passado sobre os últimos dados de vendas do Bookscan*. Eu já havia decidido doar todos os direitos autorais do livro para organizações beneficentes; não estava fazendo isso pelo dinheiro.

Ainda assim, fiquei encantado quando minha editora telefonou, no mês posterior à publicação, para dizer que as vendas haviam sido tão numerosas que Allen & Unwin estavam preparando uma reedição. As livrarias de todo o país faziam novas encomendas e as notícias sobre o livro pareciam se disseminar pela mais eficaz forma de propaganda do mundo: o marketing de boca a boca.

Uma segunda reedição seria seguida, de modo surpreendente, por uma terceira, e depois uma quarta. Nesse meio-tempo, a equipe de direitos autorais internacionais também desfrutava de algum sucesso. Fiquei surpreso com a ironia quando a primeira negociação internacional foi feita com uma

---

* BookScan é o serviço internacional de monitoração e análise de dados de vendas para a indústria de livros de língua inglesa no mundo inteiro. (N. da T.)

editora na (parecia inacreditável) China! Posteriores negociações foram feitas em países tão diversos como a Holanda, a Rússia e a Turquia. E um distribuidor nos EUA foi contratado.

Do ponto de vista do Dharma, parece que o próprio *Budismo para Pessoas Ocupadas* provou que se uma pessoa se envolve num projeto com a motivação correta, e sem apego a um resultado determinado, os eventos mais maravilhosos podem suceder.

E em um nível pessoal, não há dúvidas de que *Budismo para Pessoas Ocupadas* foi a experiência editorial que trouxe mais satisfação a minha vida. Os e-mails dos meus leitores, recebidos pelo meu site, deixaram-me ao mesmo tempo muito surpreso e humilde; falavam de suas reações ao livro e compartilhavam suas experiências pessoais. Fiquei realmente comovido com os diversos leitores inteligentes e articulados que responderam de um modo tão profundo e sincero.

De maneira inevitável, eu me questionei se, sem perceber, eu havia tomado um novo rumo. Haveria outros tipos de livros sobre o Dharma para eu escrever? Outros modos criativos em que eu poderia trabalhar para praticar a mais importante das generosidades – a generosidade de dar o Dharma?

O maior presente do Buda

O *Sutra do Diamante* narra um diálogo entre o Buda e um de seus alunos, Subhuti:

> O Buda perguntou a Subhuti: "Alguém que está imerso na corrente
> que flui para a iluminação diz a respeito de si mesmo: 'Eu entrei na
> corrente?' Subhuti respondeu: "Não, Buda. Ele é chamado de
> entrante-na-corrente porque sabe que não atingiu nada. Se o pensamento
> 'Eu atingi o estado daquele que entra na corrente' ocorresse a ele,
> então ele estaria agarrando uma personalidade, ou alma,
> ou alguma ideia de um eu separado."

É esse, principalmente, que é o maior presente do Buda. Mesmo se chegarmos até o Dharma à procura apenas de alguns instrumentos que nos ajudem a ser mais felizes, nós toparemos com uma compreensão totalmente diferente da realidade. Nessa perspectiva, não somos, de maneira nenhuma, uma onda, mas simplesmente, gloriosamente, a água. Com uma compreensão intelectual apenas, o conhecimento disso certamente nos alivia da carga de nós mesmos, despertando-nos para uma consciência muito mais expansiva que é infinita, bem-aventurada e imediata.

É meu desejo sincero que este livro tenha oferecido alguns recursos úteis para ajudá-lo a atingir a felicidade para reinterpretar o modo como experimenta o mundo, a criar calma em meio à ocupação e, sob as incertezas da vida cotidiana, um senso de profunda paz. Mais do que tudo, espero que os ensinamentos do Buda tenham oferecido ao menos um vislumbre de sua própria natureza verdadeira e a transcendência radiante em seu coração.

DEDICAÇÃO

Por meio desta virtude, que eu e todos os seres sem exceção
possamos desfrutar de uma saúde boa e vigorosa, vida longa,
abundância e amor ilimitado.
Em nosso coração, que possamos buscar refúgio nas três joias,
gerar a mente incomparável de bodhichitta,
e realizar a verdade última do surgimento dependente.

Pela prática da atenção plena, bodhichitta e as seis perfeições,
guiados por um professor de linhagem pura,
que todos nós possamos, de maneira rápida e fácil
atingir a suprema felicidade da iluminação.

GLOSSÁRIO

Apego	A convicção equivocada de que um objeto, pessoa ou situação é uma verdadeira causa da felicidade.
Aversão	A convicção equivocada de que um objeto, pessoa ou situação é uma verdadeira causa da infelicidade.
Bodhichitta	Literalmente "a mente da iluminação". A aspiração para atingir a iluminação como objetivo de libertar todos os seres do sofrimento.
Bodhisattva	Uma pessoa que deseja atingir a iluminação para libertar todos os seres do sofrimento.
Buda	Literalmente "o desperto". Um ser plenamente desperto que atingiu a iluminação.
Dharma	A doutrina ou ensinamentos do Buda.
Guru	Amigo espiritual.
Iluminação	Um estado no qual a mente está desperta para a sua verdadeira natureza, que é ilimitada, onisciente e bem-aventurada.
Karma	Literalmente "ação" ou "ato". Implica "reação" e no conceito de causa e efeito.
Lam Rim	O caminho gradativo para a iluminação.
Mantra	Literalmente "proteção da mente". Na prática geral, uma coleção de sons recitados em conexão com uma meditação específica para atingir um resultado específico.
Nirvana	Literalmente "extinguir" o falso senso de eu. Geralmente se refere à libertação pessoal do samsara.
Samsara	A mente aflita pelo karma e delusão. É essa mente que perpetua o ciclo universal de nascimento, morte e renascimento, ao se apegar a um falso senso de eu.
Sangha	A comunidade de monges e monjas budistas. No Ocidente, o termo "sangha leiga" refere-se a praticantes que não foram ordenados.

Surgimento	A ideia de que todos os seres e fenômenos dependem, para sua existência dependente de partes, causas e a projeção da mente.
Tantra	Ensinamentos avançados de Budismo tibetano praticados apenas depois das iniciações.
Thanka	Literalmente "tela que se enrola", para pendurar na parede, ilustrando tópicos da vida budista.
Tulku	Um lama reencarnado reconhecido. Alguém que renasceu voluntariamente para ajudar os outros a atingir a iluminação.

LEITURAS ADICIONAIS

Das, Lama Surya. *Awakening the Buddha Within*, Londres, Bantam, 1997.
Hanh, Thich Nhat. *The Heart of Understanding*, Berkeley, CA, Parallax Press, 1997.
Loden, Geshe Acharya Thubten. *Path to Enlightenment*, Melbourne, Tushita Publications, 1993.
Mackenzie, Vicki. *Reincarnation: The Boy Lama*, Londres, Bloomsbury/Wisdom, 1989.
——. *Why Buddhism?*, Sydney, Allen & Unwin, 2001.
——. *Cave in the Snow: A Western Woman's Quest for Enlightenment*, Londres, Bloomsbury, 1999.
O Dalai Lama, SS. *The Path to Enlightenment*, Nova York, Snow Lion, 1995.
Palmo, Tenzin. *Reflections on a Mountain Lake*, Sydney, Allen & Unwin, 2002.
Rinpoche, Sogyal. *The Tibetan Book of Living and Dying*, Londres, Rider, 1992.
Roach, Geshe Michael. *The Diamond Cutter*, Nova York, Doubleday, 2000.
Shantideva. *The Way of the Bodhisattva*, Boston, Shambala Publications, 1997.